BODY KITCHEN

DAS FITNESS-KOCHBUCH

150+ NEUE POWER-REZEPTE FÜR EINE BEWUSSTE ERNÄHRUNG

ELECTRIC ELEPHANT
PUBLISHING

POWER-REZEPTE FÜR EINEN AKTIVEN ALLTAG

ERNÄHRUNG IST KEIN STRESS

Wir leben in einem digitalen Garten Eden – eine wunderschöne, interaktive Wunschwelt, in der alles nur einen Klick entfernt ist. Mittels sozialer Netzwerke reisen wir an die exotischsten Orte der Welt – Malediven, Mauritius, Mexiko. Wenn schon nicht live, dann doch zumindest als Follower auf Instagram und Co. Auf diesem Weg werfen wir auch einen Blick in die Töpfe ambitionierter Hobbyköche oder lassen uns von den Speisen schicker Restaurants in aller Welt inspirieren, die mittlerweile ihre Gäste ausdrücklich dazu animieren, ihr Essen zu fotografieren und mit vorgegebenen Hashtags hochzuladen. Dabei ist es noch gar nicht so lange her, dass Handys am Tisch höchst verpönt waren. Als erste Generation sind wir global miteinander verbunden, können Erlebnisse teilen und mehr entdecken als jemals zuvor. Doch das virtuelle Paradies hat auch seine Kehrseite: Morgens, mittags, ja selbst abends, wenn wir uns eigentlich entspannen und im Ruhemodus sein sollten, sind wir immer noch erreichbar, immer online, obwohl Geist und Körper längst erschöpft sind. **Body Kitchen – Das Fitness-Kochbuch** bietet die stress- und suchfunktionsfreie Lösung für alle, die an schnellen Kreationen für Frühstück, Mittag- und Abendessen interessiert sind. 150 Power-Rezepte – von drei Social-Media-Stars getestet und zusammengestellt. #fitfood in einem einzigen Buch!

Stress im Alltag ist die neue Volkskrankheit unserer modernen, digitalen Zeit. Drei von vier jungen Bundesbürgern leiden darunter, wie die neue, repräsentative Studie „Zukunft Gesundheit 2017" der Schwenniger Krankenkasse und der Stiftung „Die Gesundarbeiter" zeigt. Gesunde, ausgewogene, frische Ernährung? Nur ein weiterer Stressfaktor im alltäglichen Mammutpensum neben den gut gemeinten, aber mal mehr, mal weniger regelmäßigen Besuchen im Fitnessstudio oder Joggingeinheiten. Body Kitchen – Das Fitness-Kochbuch gibt dir den wichtigsten Baustein für einen fitten, gesunden, aktiven und rundherum ausgeglichenen Alltag: nämlich als ideales Ernährungs-Know-how. Und zwar in Form von köstlichen, leicht nachkochbaren Power-Rezepten. Denn zu 80 Prozent hängt unser körperliches, geistiges und ebenso unser seelisches Wohlbefinden von dem ab, was wir uns täglich auf den Teller häufen – aber nur zu 20 Prozent von der Zeit, die wir mit Sport verbringen. Ist unser Körper ausreichend mit Vitalstoffen wie Vitaminen, Mineralstoffen und Spurenelementen sowie mit einem ausgewogenen Mix aus naturbelassenen Proteinen, Kohlenhydraten und Fetten versorgt, macht sich allein diese gute Versorgung innerhalb weniger Wochen auf der Waage und im Spiegel positiv bemerkbar. Essgelüste? Die sind nur ein Signal, das uns der Körper gibt, wenn er nicht alles bekommen hat, was er zum optimalen Funktionieren braucht, – nämlich als Aufforderung, dass bald doch noch was Brauchbares den Weg in den Magen findet. Ist er hingegen rundherum bestens bedient, will er nicht ständig Nachschub und leistet auch anständig was. Wie ein Dieselmotor, der erst falsch betankt wurde, dann aber endlich seinen Diesel bekommt – und schon läuft er wie eine Eins! Gutes, das heißt das richtige Futter wirkt sich mittelfristig auch auf die mentale Gesundheit aus: Wir sind zufriedener, entspannter und können besser mit stressigen Herausforderungen umgehen.

Body Kitchen – Das Fitness-Kochbuch bietet die stress- und suchfunktionsfreie Lösung für alle, die an schnellen Kreationen für Frühstück, Mittag- und Abendessen interessiert sind. 150 Power-Rezepte – von drei Social-Media-Stars getestet und zusammengestellt.

#fitfood in einem einzigen Buch!

Und genau da setzt Body Kitchen – Das Fitness-Kochbuch an. Dreht man die Rechnung nämlich einmal um, merkt man: Um diese 80 Prozent Wohlbefinden als Folge guter Ernährung zu erreichen, muss man viel weniger Zeit aus seinem ohnehin schon mageren Freizeitbudget opfern, als für die anderen 20 Prozent nötig ist. Klar, regelmäßige Bewegung sollte in keinem gesunden Lifestyle fehlen! Setzt man aber auf eine ausgewogene Fitnessernährung, hat man fast schon die ganze Miete. Und nein, keine Sorge, in Body Kitchen geht es nicht um teure Proteinshakes oder trockene Low-Carb-Hähnchenbrüste. Hier abwiegen, da mit der Digiwaage Gramm für Gramm abzählen – und am besten alles am heiligen Sonntag für die bevorstehende Höllenwoche vorbereiten – nein, nein! Das ist so ganz und gar nicht nach unserem Fitness-Gusto. Einfache Zubereitungen, die dem Körper alles geben, was er braucht, dazu noch köstlich schmecken und im Handumdrehen zubereitet sind, das ist Body Kitchen. Die Zutaten sind simpel und überall erhältlich. Eine Faustregel besagt: Immer nur den äußersten Gang eines Supermarkts abklappern. Da findet man natürliche Produkte wie Obst und Gemüse, Getreide und Hülsenfrüchte, Fisch, Fleisch und Geflügel – die inneren Gänge sind das Zuhause von Chips, Tütensuppen und Dosenfutter voll leerer Kalorien, die unser Körper wirklich nicht braucht.

Wie einfach sich eine gesunde Fitnessküche in den Alltag einbauen lässt, das zeigen in Body Kitchen – Das Fitness-Kochbuch drei junge, selbständige Frauen. Unsere drei Mädels sind echte Powerfrauen, die mitten im Leben stehen, erfolgreiche Karrieren haben und in den sozialen Netzwerken als mächtige Influencer gelten. Ein Leben im Dauereinsatz, das sie aber anders nicht führen wollten. Umso deutlicher ist ihnen bewusst, wie sehr sie auf sich und ihre Gesundheit Acht geben müssen, um ihren aktiven Lifestyle mit Freude weiterführen zu können. Wie sie das machen, das zeigen sie hier. Mit Rezepten, Tipps und Tricks aus ihrem gesundheitaktiven Lebensambiente wollen sie inspirieren und motivieren. Eins ist jedenfalls klar: Eine fitmachende und fitnesserhaltende Ernährung ist für sie keine Atomphysik und unterliegt keinen mathematischen Superformeln. Denn dafür haben sie schlicht keine Zeit – für minderwertiges Essen aber auch keine Ausrede.

INHALTSVERZEICHNIS

REGINA
HICKST
SEITE 94-173

YVONNE
PFERRER
SEITE 18-93

PAULA
KRÄMER
SEITE 174-241

UNSERE ERFOLGSMANTRAS

Wie bei so vielen von uns scheinen auch die Tage unserer drei Powerfrauen manchmal einfach zu wenige Stunden zu haben. Als wären erfolgreiche Karrieren im Schauspielern und Modeln, im Singen und Mode-Designen nicht schon genug, interagieren sie zudem noch über ihre reichweitenstarken YouTube-Kanäle, Instagram-Feeds, Vlogs und Blogs täglich mit Millionen von Fans. Sie haben ihre Leidenschaften zu Rund-um-die-Uhr-Jobs gemacht.

Gut auszusehen, fit, fröhlich und energiegeladen zu sein gehört dazu, es ist ihr Kapital. Klar, dass regelmäßige Bewegung und eine ausgewogene Ernährung feste Bestandteile ihres aktiven Lifestyles sind. „Es ist aber nicht immer einfach", gesteht YouTuberin Regina Hickst. „Natürlich fühlt man sich besser, wenn man Sport macht und auf seine Ernährung achtet. Und wenn der Stein mal ins Rollen kommt, ist es ja auch nicht mehr so schwer, dran zu bleiben. Aber da muss man erst mal hinkommen."

Nahbarkeit, Ehrlichkeit und der unbeirrbare Ansporn, es jeden Tag noch besser zu machen, sind die Kraft, die Regina Hickst, Yvonne Pferrer und Paula Krämer dahin gebracht haben, wo sie heute stehen. Gerade aus dem Bett gerollt? Völlig verschwitzt und ungeschminkt nach dem Sport? Ein Pickel mitten auf der Stirn oder ein paar Kilo mehr als sonst auf der Hüfte? Alles Situationen, in denen man sich eigentlich nicht gern in die eigenen vier Wände oder gar per Kamera mitten ins Gesicht schauen lässt. Situationen, in denen sich die Mädels angreifbar, ja verletzlich machen, und die ihnen gerade deshalb ein hohes Maß an Selbstvertrauen, Stärke und Stressresistenz abverlangen. „Auch ich fühle mich nicht immer wohl in meiner Haut ", sagt sogar Fitness-YouTuberin Paula Krämer. „Gerade Frauen stressen sich oft selbst viel zu sehr. Wir vergleichen uns mit anderen, finden immer jemanden, der es besser macht – und setzen dann die Maßstäbe noch höher. Dabei sollten wir in erster Linie mit uns selbst im Reinen sein." Menschen, insbesondere Frauen zu inspirieren und dazu zu motivieren, bei allem Ehrgeiz immer noch sich selbst treu zu bleiben und das Leben zu genießen, das ist es, was die Mädels wiederum antreibt. Weswegen sie immer dabei bleiben, Körper und Aussehen, aber auch mentalem und seelischem Wohlbefinden Priorität einzuräumen, ganz egal, wie viel sie zu tun haben.

POSITIV DENKEN

Yvonne Pferrer etwa ist als Schauspielerin auf Dauerachse: Castings, Dreharbeiten, Fotoshootings, Interviews. Wie nebenbei hat sie zudem im vergangenen Jahr ihren ersten Song veröffentlicht und ihr Abitur nachgeholt, das sie aus Karrieregründen zunächst auf Eis gelegt hatte. Ach ja, eine eigene Modekollektion hat sie auch noch am Start. Neun Monate lang hat sie an Pullovern, T-Shirts und Taschen gefeilt. „Ich wollte, dass alles perfekt ist, dass die Teile mir selbst zu 100 Prozent gefallen – und dann hoffentlich auch meinen Fans", sagt sie. Ein eigenes Label gründen, Designs entwerfen, Muster prüfen, den Versand regeln. Bei jedem einzelnen Produktionsschritt waren sie und auch ihre Fans via Kamera dabei. Eigentlich Stress pur, zumal vieles komplettes Neuland für sie war. „Für mich ist das Glas aber immer halbvoll", so die Kölnerin. „Man muss die Dinge immer positiv sehen."

KREATIV SEIN – UND SPASS DARAN HABEN

„Wenn man zum Beispiel abends nach Hause kommt und sich ärgert, weil der Kühlschrank leer ist, sollte man noch mal genau hinsehen: Ist er wirklich leer? Aus ein paar Eiern und Gemüseresten lässt sich doch was Tolles zaubern. Sei kreativ, probier was Neues, hab Spaß dabei – und am Ende ist es auch noch gesund!" Das ist Yvonne besonders wichtig. Sie weiß: Ohne den richtigen Treibstoff ist ihr Lifestyle langfristig nicht zu bewältigen. „Eine gesunde Ernährung hält mich fit und leistungsfähig, auch wenn ich gerade gar keine Zeit habe, um Sport zu machen", sagt sie.

Mal gibt es ein schnelles Müsli mit frischen Früchten und vitalstoffreichen Superfoods, mal, wenn es ultraschnell gehen muss, einen Smoothie to go. Als Snack für Zwischendurch hat Yvonne immer ballaststoffreiche, aber fettarme Reiswaffeln und Nüsse voller gesunder Fette im Gepäck. „Gerade unterwegs ist das superhilfreich. Fast-Food-Ketten sind echt überall, da wird man leicht in Versuchung geführt, weil man ja auch Hunger hat."

DIE LEBENSQUALITÄT DARF NICHT LEIDEN

Auch Paula Krämer ist als ehemalige Bodybuilderin, Fitness-YouTuberin und Studentin ständig unterwegs – und muss dabei nicht nur gut drauf und energiegeladen, sondern auch immer in Form sein. Mit Hungerkuren oder hochkomplizierten Diäten wäre sie aber ganz sicher nicht die Powerfrau, die heute Tausende von Fans mit ihren Motivations- und Workout-Videos begeistert. Flexibles Dieting – so nennt sie ihre heutige Ernährungsform, die leicht in den Alltag zu integrieren ist und keine Verbote kennt.

Einzig ausgewogen und frisch sollte das Essen sein, mit vielen Vitaminen und Mineralstoffen, die dem Körper nicht nur Energie geben, sondern auch den Geist stärken und vor allem die Seele zufriedenstellen. Denn die Lebensqualität, das ist Paula besonders wichtig, die darf niemals leiden. Sie weiß, wovon sie spricht. Nach einer sportlichen Kindheit fand sie sich plötzlich im Teufelskreis aus Futtern und Hungern. Ihre Low-Carb-Diät erlaubte bald nicht einmal mehr Möhren. Nudeln und Brot?

Die machten ihr sogar Angst. Sie war auf dem besten Weg, eine ausgewachsene Essstörung zu entwickeln, ihr Selbstbewusstsein war am Boden. „Hätte ich nicht den Absprung geschafft, wäre ich heute vielleicht nicht mehr hier", sagt sie.

NICHT STRESSEN, NICHT VERGLEICHEN

Ihre eigene Body-Geschichte vom ambitionierten Schwimmtalent über das unglückliche Pummelchen bis hin zur preisgekrönten Profi-Bodybuilderin teilt Paula mutig mit ihren Fans auf YouTube, erklärt und zeigt verschiedene Workout-Programme, gibt Ernährungstipps, motiviert und inspiriert. Einer ihrer wichtigsten Tipps: „Fake it 'til you make it!" Heißt: Egal, in welcher Situation man gerade steckt, ob man zu einem Vorstellungsgespräch oder einer Prüfung muss oder einfach nur den ganz normalen Alltagswahnsinn zu bewältigen hat – jeder sollte einfach so tun, als ob er Herr bzw. Herrin der Lage ist. Alles easy, alles kein Problem. Auch, wenn dem gar nicht so ist. Denn mal ehrlich, hat Jammern jemals irgendjemanden weitergebracht? Eben. „An jeder Situation wächst man, oftmals sogar über sich hinaus", sagt Paula. „Man lernt seine Grenzen kennen, steckt sie neu, reißt sie wieder ein. Ich habe durch das Bodybuilding mich selbst kennengelernt und wurde eben nicht nur körperlich, sondern vor allem auch mental immer stärker."

NICHT ZU STRENG MIT SICH SELBST SEIN

Dass eine gesunde Ernährung nicht nur fürs Aussehen, sondern eben insbesondere für die Leistungsfähigkeit im Alltag wichtig ist, das bemerkte Regina Hickst, als sie ihre Ausbildung zur Schauspielerin machte. „Mein Job verlangt, dass mein Körper flexibel und anpassbar ist", sagt sie. „Dafür muss er natürlich fit und gesund sein." Intensiv setzte sich Regina mit dem Thema auseinander, holte sich einen Coach dazu und lernte, was ihrem Körper guttut. Mal hat sie vegan gelebt, sagt sie, mal vegetarisch, eine Zeitlang hat sie sogar nur Salat gegessen, weil sie das für gesund hielt. Heute ernährt sie sich ausgewogen und gesund – meistens jedenfalls. Die gelegentliche Pizza oder das Stück Kuchen darf auch bei einer YouTuberin, die Hunderttausende mit ihren Videos über Trainingsmethoden und Ernährung, aber auch über Motivation begeistert, nicht fehlen. „Wenn man immer fleißig ist und sich gesund ernährt, dann darf man sich auch mal was gönnen."

ZUG VERPASST? NIMM DEN NÄCHSTEN!

„Selbst mir fällt es nicht immer leicht, den Hintern zum Sport hochzukriegen und mich vorbildlich zu ernähren", sagt Regina. „Auch mir ist es schon passiert, dass aus einer dreitägigen plötzlich eine zweiwöchige Pause wurde, in der ich nichts gemacht habe. Da war ich gerade so gut drauf – und dann? Bin ich einfach nicht auf den Zug aufgesprungen. Verpasst. Weg war er. Das wichtigste aber ist, dass man dann nicht einfach stehen bleibt, sondern auf den nächsten aufspringt." Mittlerweile hat Regina ihre eigenen Rezepte, die sie, wie auch Paula und Yvonne, hier vorstellt. „Ich werde oft gefragt, was ich tue, um fit zu bleiben", sagt sie. „Dazu muss ich sagen: Niemand sollte sich verändern, weil jemand anders es wünscht. Versucht zu reflektieren, euren Körper zu spüren, damit ihr wisst, was ihr braucht. Achtet auf euren Körper, denn ihr habt nur diesen einen. Und wenn man es selbst nicht schafft, ist es keine Schande, sich Hilfe zu holen". Mit **Body Kitchen – Das Fitness-Kochbuch** ist der erste Schritt getan, um mit einer gesunden Ernährung fitter und leistungsfähiger durch den Alltag zu gehen – ganz egal, was er auch bringen mag.

DAS STECKT HINTER DEN REZEPTEN UND DEN REZEPTKATEGORIEN

Wenn du schon einen Blick in die Rezepte gewagt hast, dann werden dir die ungewöhnlichen Rezeptkategorien aufgefallen sein. Von wegen Frühstück, Mittagessen, Abendbrot, Nachtisch, Backen. Aber jetzt nicht erschrecken und direkt das Buch zuschlagen! Unsere Gerichte kannst du natürlich trotzdem morgens, mittags und abends essen. Der Trick ist nur, dass Namensgebung und Kategorisierung es dir leichter machen, die Gerichte in deinen Tagesablauf integrieren zu können, weil du selbst entscheidest.

Achtung Geheimnis: Pfannkuchen kannst du auch morgens essen. Wichtig ist, dass das Gericht in deinen Tagesplan passt. Wir wollen dir also eine praktische und lebensnahe Möglichkeit der Ernährungsplanung schaffen, ohne großes Konzept, aber mit einer Idee.

Was wir mit Tagesplan meinen, ist die Verbindung deines Alltags mit deinem Bedarf an Nahrung. Das klingt jetzt etwas technisch, aber schließlich hat Essen ja auch eine funktionelle Aufgabe. Du wirst später, wenn du dir die Porträts von Yvonne, Regina und Paula durchliest feststellen, dass auch die Frauen großen Wert auf die Zusammensetzung ihrer Mahlzeiten legen und trotzdem große Genießer sind – und dass sie vor allem keinem festen Ernährungsplan oder einer Ernährungsweise folgen.

Es geht vielmehr um eine bewusste und gesunde Ernährungsweise, die sich an den Bedürfnissen deines Körpers orientiert und dir nichts vorschreibt. Eine Ernährung, die ein paar Rahmenbedingungen berücksichtigt, ist dadurch aber nicht technisch, sondern intelligent. Wir wollen dich mit unseren Rezepten und Rezeptkategorien dabei unterstützen, dich gesund, lecker und vor allem passend zu deinem Alltag zu ernähren.

Bevor es losgeht, möchten wir aber noch ein paar Worte zu den Rezepten selbst verlieren. Jedes Rezept in jeder Kategorie muss mehreren Kriterien genügen. So sollte in den meisten Fällen, die Zubereitungszeit spätestens nach dem dritten Mal kochen nicht länger als 30 Minuten dauern. Die Zutatenliste besteht aus Lebensmitteln, die es in jedem Supermarkt zu kaufen gibt und ist kürzer als dein letzter Einkaufszettel. Aber am wichtigsten: Jedes Rezept ist lecker und gesund. Und weil dies ein Fitness-Kochbuch ist, kannst du davon ausgehen, dass du als sportlicher und aktiver Leser immer ein Rezept findest, auf das du Lust hast und das zu deiner Ernährung passt. Und sollte es mal nicht passen, machen wir dir zu den meisten Gerichten Variationsvorschläge. Ja, ausprobieren und variieren ist bei uns ausdrücklich erwünscht. Versuch auch mal, selbst mit den Zutaten zu spielen, dir wird schon was Leckeres einfallen. Wie du dir deinen eigenen Ernährungsplan zusammenstellen kannst, erfährst du dann auf den nächsten Seiten. Aber lass uns jetzt die Rezeptkategorien anschauen.

HAUPTGERICHTE

Die Königsdisziplin. Rezepte in dieser Kategorie besitzen eine breite Palette an Makro- und Mikro-Nährstoffen und eine Menge Energie. Die Rezepte in dieser Kategorie haben zwei Ziele: deinen Körper nachhaltig mit Energie versorgen und – ganz klar – lecker sein. Hauptgerichte haben in Body Kitchen in der Regel 700 kcal pro Portion. Die Rezepte haben verschiedene Ursprünge: Manche Gerichte sind Eigenkreationen der Köchinnen, andere bekannte Standardgerichte wurden für die Fitnessküche modifiziert. Aber egal, aus welcher Landesküche oder welchem Kopf das Gericht stammt, es ist relativ einfach zu kochen und der Küchenerfolg lässt sich aus der Erinnerung auch ohne Rezeptbuch wiederholen.

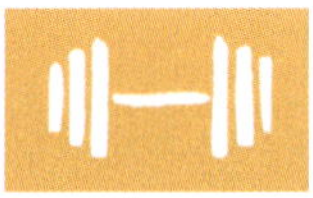

PRE-WORKOUT UND POST-WORKOUT

Die Begriffe Pre- und Post-Workout sagen eigentlich schon alles. Gerichte in der Kategorie Pre-Workout empfehlen wir für eine Stunde bis unmittelbar vor dem Training. Sie sollen dir Extra-Power für ein intensives Workout bringen, damit deine Leistung nicht während deiner Trainingssession plötzlich wegbricht. Post-Workout ist das entsprechende Gegenstück. Gerichte aus dieser Kategorie eignen sich hervorragend für den direkten Verzehr nach dem Training. Sie versorgen deinen Körper und deine Muskeln mit den richtigen Nährstoffen und Mineralien, um deinen Muskelaufbau zu unterstützen.

ZWISCHENMAHLZEITEN

Die Zwischenmahlzeiten haben wir als Kategorie zwischen Snack und Hauptgericht eingeführt. Die „Minuten"-Rezepte sind, wie der Name vermuten lässt, superschnell zu kochen und bringen dich durch kleine Hungerstrecken an langen Arbeitstagen. Zwischenmahlzeiten haben bei uns maximal 500 kcal pro Portion und bewegen sich zwischen kleinen Kohlenhydratbomben und Proteinboostern. Auch sie zeichnen sich durch ihre einfache Zubereitungsweise mit nur einer Handvoll Zutaten aus – und unter uns: Viele von ihnen eignen sich zwei Stunden vor dem Training oder zwischen Training und großer Mahlzeit, um den Heißhunger auf gesunde Weise zu stillen.

SNACKS

Snacks. Jetzt wird's interessant, oder? Unsere Snacks sollen dir dabei helfen, bei der Arbeit, bei gemütlichen Serien-Abenden, beim Zocken, der lockeren Schnack-Runde oder einfach mal so zwischendurch nicht schmachtend an Chips und Süßes zu denken. Erstens: Nimm dir ruhig eine Handvoll Chips, denn Schmachten ist keine Lösung. Und zweitens: Bereite dich besser auf solche Momente vor. Wenn du mal keine Zeit dafür hast, dann hab' Salzstangen und dein Lieblingsobst parat. Snacks haben bei uns 100 bis 200 kcal pro Handvoll oder Portion, und sie lassen sich hervorragend über ein paar Tage aufbewahren.

REZEPTAUFBAU

KATEGORIE

Hier siehst du, in welche Kategorie das Rezept fällt. Jede Fitnessköchin hat ihre Vorlieben, deswegen wirst du beispielsweise bei Paula viele Snacks, bei Yvonne mehr Hauptgerichte und bei Regina überwiegend Zwischenmahlzeiten finden. Eine Auflistung aller Rezepte nach Kategorie findest du im Rezeptindex, am Ende des Buches.

REGINA
SNACK

PROTEIN-FEIGEN-SCHNITTEN

Die Schnitten schmecken wie Obstkuchen mit Streuseln, sind aber viel einfacher gemacht und natürlich auch gesünder: Haferflocken und Feigen peppen dich mit langkettigen und deswegen langsam ins Blut gehenden Kohlenhydraten auf, die Mandeln steuern das gute Fett bei und – klar – das Wheyprotein baut deine Muskeln auf. Genieße die Schnitten zum Kaffee- oder Teepäuschen oder nach dem Training.

ZUTATEN | **FÜR 12 SCHNITTEN**

50 g Haferflocken
100 g gemahlene Mandeln
200 g getrocknete Feigen
75 ml Agavendicksaft
250 g TK-Himbeeren
100 g Eiweißpulver (Whey, Vanille- oder Himbeergeschmack)

1 Den Ofen auf 180°C Ober-/Unterhitze (Umluft 160°C) vorheizen und ein Backblech mit Backpapier auslegen. Die Haferflocken im Mixer zu grobem Mehl verarbeiten und mit dem Whey vermischen.

2 Gemahlene Mandeln, Feigen und Agavendicksaft hinzufügen und zu einer homogenen Masse mixen. Drei Viertel der Masse auf dem Backblech verstreichen und 12 Minuten im Ofen backen.

3 Dann das Backblech aus dem Ofen holen und die Masse mit den Himbeeren belegen. Die restliche Teigmasse über den Himbeeren verteilen, mit einer Gabel andrücken und weitere 25 Minuten backen. Vor dem Schneiden erkalten lassen.

VARIATION

Du kannst natürlich auch andere TK-Früchte nehmen und ein Wheyprotein in einer passenden Geschmacksrichtung dazu auswählen. Probier zum Beispiel mal eine Kombinationen aus TK-Waldbeeren und Wheyprotein mit Schoko- oder Cookiegeschmack aus.

Nährwerte pro Schnitte

KCAL	206	FETT	6 g	KH	23 g	Z	15 g	PROT	11 g	BS	4 g

172 |

ZUTATEN

Alle Zutaten aus den Rezepten solltest du im Supermarkt bekommen. Du wirst bei unseren Gerichten keine ewig langen Einkaufszettel schreiben müssen, darauf haben wir besonders geachtet.

ZUBEREITUNG

Der wichtigste Teil, denn hier zeigen wir dir, wie du unsere Gerichte kochst. Wir haben uns Mühe gegeben, alle Zubereitungsschritte so einfach wie möglich zu halten. Sag gerne Bescheid, wenn dir Ideen für neue Kreationen kommen oder du Anmerkungen hast, unsere Kontaktdaten stehen im Impressum.

REZEPTNAVIGATION

Du siehst hier das Kapitel, die Kategorie, die fortlaufende Nummer und den Rezepttitel. Solltest du mal ein bestimmtes Rezept suchen, findest du es im Rezeptindex am Ende.

BESCHREIBUNGSTEXT

Hier werden besondere Aspekte des jeweiligen Gerichts hervorgehoben. Die Texte sind immer für eine Überraschung gut, also schau sie dir genau an.

VARIATIONEN- UND TIPP-BOX

In den Variationen- und Tipp-Boxen zeigen wir dir, wie du mit wenigen Handgriffen aus dem Basisrezept weitere Gerichte zaubern kannst. Entweder speziell für den Muskelaufbau, fürs Abnehmen oder einfach nur für einen anderen Geschmack.

NÄHRWERTANGABEN

In dieser Zeile sind die Nährwertangaben zum Basisrezept vermerkt.

DEIN DRAHT ZU UNS

ERNÄHRUNG IST ÜBERALL

Dieses Kochbuch aber leider nicht. Auch wenn wir versuchen, unsere Rezepte und generell unsere Inhalte so zu gestalten, dass es jedem leicht fällt, sie immer wieder zu nutzen – auch ohne Anleitung – wissen wir, dass Ernährung ein höchst individuelles Thema ist.

Wir wollen dich nicht alleine lassen, wenn du das nächste Mal im Supermarkt vor der großen Auswahl oder in deiner Küche vor dem vermeintlich leeren Kühlschrank stehst. Deswegen erreichst du uns jetzt immer und überall per WhatsApp oder Facebook-Messenger.

Angenommen, du stehst also vor der Entscheidung für deine nächste Mahlzeit: Zögere nicht und schreib uns an. Frag uns, welches Rezept wir dir für deine individuelle Situation empfehlen können.

NOCHWAS: Angenommen, du weißt Bescheid und möchtest uns nicht schreiben, freust dich aber immer über Inspiration für deine Ernährung – dann abonniere unseren Chat-Newsletter! Erhalte jede Woche mindestens ein neues Rezept aus der Body Kitchen Rezepteküche, sowie Mitteilungen über die wichtigsten Ereignisse.

Die Anmeldung zum Newsletter erfolgt ganz einfach über unsere Website: **BODY.KITCHEN/CHAT.**

WWW.BODY.KITCHEN/CHAT

ERREICHBAR ÜBER WhatsApp **UND** facebook

Besuche unsere Website **BODY.KITCHEN/CHAT** und in nur 3 einfachen Schritten kannst du mit uns über den WhatsApp- und Facebook-Messenger kommunizieren.

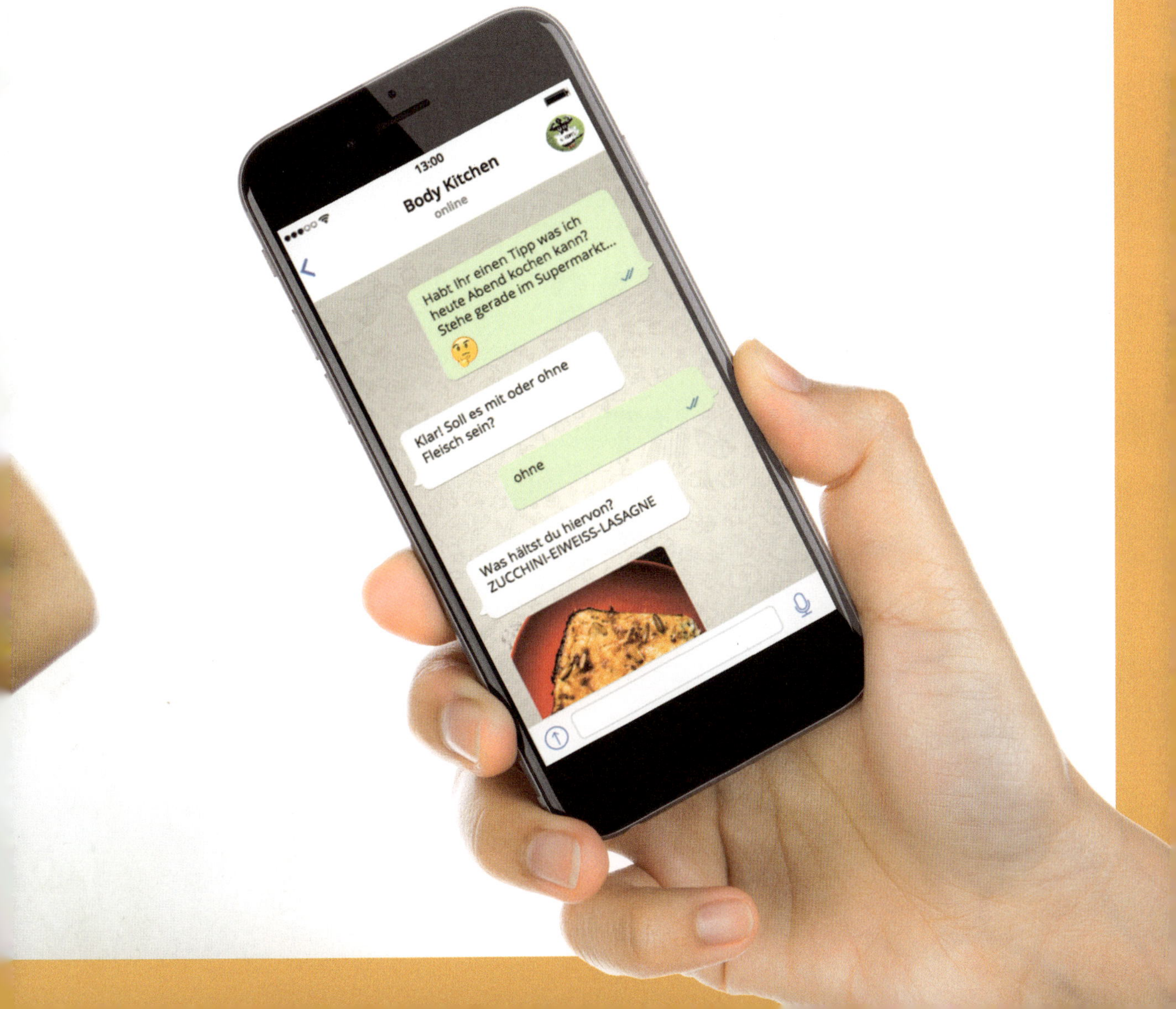

YVONNE

„DEIN KÖRPER SAGT DIR WAS ER BRAUCHT, HÖR AUF IHN“

LEBE MIT LEIDENSCHAFT – DANN KANN ES NUR GUT WERDEN!

HI, ICH BIN YVONNE PFERRER, SCHAUSPIELERIN, DESIGNERIN, HOBBY-KICKBOXERIN, WELTENBUMMLERIN, LEBENSKÜNSTLERIN. ALLES AUF EINMAL. UND ZWAR MIT LEIDENSCHAFT!

OB DREHARBEITEN, REISEN, SPORT ODER LIFESTYLE, ICH BIN STÄNDIG AUF ACHSE – UND MEIST OHNE ZIEL.

Denn weit voraussehend in die Zukunft zu planen, das hat für mich noch nie so richtig funktioniert. Ich nehme alles so, wie es kommt, und genieße einfach den Moment. Was nicht heißt, dass alles immer einfach war oder ist. Auch ich muss mich täglich aufraffen und organisiert sein, um alles unter einen Hut zu bekommen. Auch ich habe Tage, an denen nichts zu funktionieren scheint, an denen ich unausgeschlafen und nicht so gut drauf bin, mich einfach nur verkriechen will. Auch ich muss Kritik ertragen und Kämpfe ausfechten. Aber ich habe gelernt, damit umzugehen, mich durchzusetzen, mit Druck und Stress klarzukommen – und will andere Menschen dazu inspirieren, genau diese Kraft auch in sich selbst zu finden.

HINFALLEN UND WIEDER AUFSTEHEN, DAS ERFORDERT MENTALE STÄRKE

Zugegeben: Einen kleinen Heimvorteil habe ich. Denn auch wenn ich sehr behütet aufgewachsen bin – ich habe zwei Brüder! Einen älteren und einen jüngeren. Und so lieb ich sie auch habe, ich musste früh lernen, „meine Frau" zu stehen und auch mal den geschwisterlichen Ellenbogen anzuwenden. Mein jüngerer Bruder hat ihn besonders oft abgekriegt. Er ist heute zweifacher Deutscher Meister im Kickboxen und hat mich vor zehn Jahren an den Sport herangeführt. Was für ein Glück – und was für ein unbeschreiblich großes Geschenk! Denn Kickboxen ist nicht nur zu meiner ganz großen Leidenschaft geworden, sondern es ist auch die Konstante in meinem Leben, die mir Halt gibt. Man wird getreten, man fällt hin, steht wieder auf und verteidigt sich – dazu gehört eine unglaublich große mentale Stärke! Und die habe ich schon in jungen Jahren gebraucht. Ich war 18 Jahre alt, als ich über Nacht von der normalen Schülerin zur Soap-Darstellerin wurde.

Wie immer hatte ich das so eigentlich nicht geplant. Zum Spaß war ich zu einem Casting gegangen. Ich wollte es einfach mal erlebt haben. Und auf einmal war ich täglich im Fernsehen. Ich hatte keine Ahnung, was da auf mich zukommt. Ich sprang ins kalte Wasser, zog allein von meinem Elternhaus in einem Kölner Vorort in die Stadt, hatte plötzlich 16-Stunden-Drehtage, musste immer erreichbar sein, wurde auf der Straße erkannt, und am Wochenende hatte ich dann auch noch Schauspiel-Coaching. Es war eine wunderschöne, aufregende Zeit – versteht mich aber nicht falsch, es war eben alles sehr neu, sehr fordernd. Ich wusste nicht, ob ich mit dem Druck umgehen könnte. Ich hatte kaum noch Zeit für mich selbst, geschweige denn für Familie und Freunde. Und trotzdem waren sie es, die mich motiviert haben, die mir Kraft gegeben und mir gut zugeredet haben, wenn ich es brauchte. Nach vier Jahren bin ich dann aus der Soap ausgestiegen. Nicht, weil es mir zu viel wurde. Im Gegenteil. Meistens merke ich erst, was ich eigentlich geleistet habe, wenn es schon vorbei ist. Nein, ich wollte mehr. Ich wollte mich weiterentwickeln. Dass das in den sozialen Netzwerken der Fall sein würde, das war – ratet mal – natürlich wieder nicht so geplant. Ein erfolgreicher YouTube-Kanal, eine eigene Modekollektion, Reisen um die Welt und mehr Projektanfragen, als ich bewältigen kann – wer sieht so etwas schon kommen? Das alles war ein reiner Zufall, den mir meine Zeit im TV aber erst möglich gemacht hat. Ich habe so viele Ideen, so viel Lust und bin unendlich dankbar dafür, dass das Schicksal mir diese Gunst bietet. Aber auch für alles, was ich dabei gelernt habe und immer noch lerne, um mit diesem Leben in der Öffentlichkeit, im ständigen Online-Modus klarzukommen.

GUTE ERNÄHRUNG FÜR EIN BESSERES KÖRPERGEFÜHL

Gerade während meiner Zeit im TV wurde ich mir meines Körpers noch bewusster als ich es ohnehin schon durch den Kampfsport war. Es heißt immer, die Kamera würde einem etliche Kilos auf die Hüfte mogeln – wie wahr! Ich habe mich immer recht gesund ernährt, aber in dieser Zeit habe ich angefangen, noch mehr darauf zu achten. Nicht unbedingt, um schlanker auszusehen, sondern vor allem um mehr Energie zu haben. Zudem fühle ich mich in einem fitten, gut genährten Körper einfach wohler. Frühstück ist für mich die wichtigste Mahlzeit des Tages. Mein Freund und ich zelebrieren das regelrecht, bereiten es gemeinsam vor, decken den Tisch und nehmen uns Zeit. Omelett mit Vollkornbrot ist eines meiner Lieblingsfrühstücke. Was nicht fehlen darf: grüner Tee. Der gibt ein bisschen Energie, ich trinke ihn aber in erster Linie, weil er entgiftend und entwässernd wirkt. Mittags brauche ich dann meist was Leichtes, erst recht, wenn ich später noch Sport machen will. Nüsse für gute Fette und Proteine, frische Früchte, einen leckeren Smoothie oder Reiswaffeln – die liebe ich! – zum Beispiel mit Avocado oder mit Hüttenkäse und Putenbrust belegt. Abends wird dann wieder gekocht: Reis-Gemüse-Pfanne mit Süßkartoffeln ist eines meiner Leibgerichte. Oder selbst gemachte Pizza mit Vollkornmehl. Und zum Nachtisch liebe ich selbst gemachtes Popcorn mit Karamellsauce.

Wie du merkst, bin ich nicht der Typ für verrückte Diäten, überhaupt nicht. Die würden mir ohnehin nur die Energie rauben, die ich für meinen aktiven

Wie du merkst, bin ich nicht der Typ für verrückte Diäten, überhaupt nicht. Die würden mir ohnehin nur die Energie rauben, die ich für meinen aktiven Alltag brauche. Und umsetzbar sind sie meist auch nicht, erst recht, wenn man viel unterwegs ist. Aber selbst dann ist eine gesunde, ausgewogene Ernährung ganz easy.

Alltag brauche. Und umsetzbar sind sie meist auch nicht, erst recht, wenn man viel unterwegs ist. Aber selbst dann ist eine gesunde, ausgewogene Ernährung ganz easy. Es muss ja nicht immer das frisch gekochte Sternegericht sein. Ich habe immer meine Reiswaffeln im Gepäck, dazu Nüsse und/oder Honig. Selbst wenn man es nicht schafft, sich was einzupacken – ein gesundes Vollkornbrötchen oder frische Früchte kriegt man doch eigentlich überall. Wichtig ist, dass das Essen schmeckt und glücklich macht. Ich esse sehr bewusst, vor allem wenn ich Fleisch esse, was selten der Fall ist. Nüsse, Samen, Gemüse und Kohlenhydratträger wie Reis und Süßkartoffeln sind die Grundlage meiner Ernährung. Vor und nach dem Sport achte ich zudem darauf, dass ich Eiweiß zum Beispiel in Form von Magerquark mit Beeren zu mir nehme.

ENTSPANNUNG DURCH ABWECHSLUNG

Sport, vor allem Kickboxen, ist für mich nicht nur Leidenschaft – es ist ein Ausgleich zum stressigen Alltag. Zeit, die man für sich hat, während der man sich so richtig auspowern kann. Dabei müssen es nicht immer der Gang ins Fitnessstudio und das rigorose Training sein. Höre auf deinen Körper und stresse dich nicht. Wenn ich wenig Zeit habe, gehe ich einfach eine Runde joggen oder fahre mit meinem Longboard. Außerdem bin ich ein sehr naturverbundener Mensch und gehe unheimlich gern mit meiner Familie und den drei Hunden meiner Eltern im Wald spazieren. Perfekt zum Runterkommen! Wie Essen sollte auch Bewegung Spaß machen und entspannen, statt nur ein weiterer Pflichtpunkt im Kalender zu sein.

Apropos Kalender: Ich bin von Natur aus ein sehr strukturierter Mensch. Ich habe einen Terminkalender, in den ich fleißig alles hineinschreibe. Mein Sternzeichen ist Jungfrau, vielleicht liegt es daran. Ja, meine Tage sind pickepackevoll, und ohne eine Struktur wären sie oft kaum zu bewältigen. Dennoch darf man sich nicht zu ernst nehmen. Jeder braucht Auszeiten, die ebenfalls fest eingeplante Termine im Alltag sein sollten. Die Welt wird ganz sicher nicht stehen bleiben, wenn man sich eine gönnt. Ich habe auch Tage, an denen einfach nichts mehr geht. Die Lösung: Ich schalte ab, lege alles beiseite und kümmere mich um mich selbst. Und am nächsten Tag geht es dann mit neuer Energie weiter.

WAS IST EIGENTLICH ERFOLG?

Ganz einfach: Erfolgreich bist du dann, wenn du mit dem, was du geleistet hast, zufrieden bist.

Und nicht, wenn jemand anders zufrieden ist! Lasse dich nicht von dem beeinflussen, was andere für dich für richtig halten. Deine eigenen Ziele, die sind es doch, die dich täglich motivieren werden. Ich zum Beispiel möchte eine Inspiration für meine Community sein, ein Vorbild. Und das motiviert mich jeden Tag aufs Neue.

Das positive Feedback von und die Interaktion mit meinen Followern, das gibt mir unheimlich viel Kraft, von der ich wiederum was zurückgeben kann. Denn jeder hat sein Schicksal selbst in der Hand. Selbst wenn man in Babyschritten auf dieses Ziel zugeht – ist es wichtig, dass man den ersten Schritt überhaupt macht. Und zwar mit Leidenschaft. „Live with passion", so lautet mein Lebensmotto. Das wird dich zu deinem Ziel, zu deinem Erfolg bringen.

Denn wenn man etwas mit Leidenschaft macht, dann kann es nur gut werden.

YVONNE
SNACK

ENERGYBALLS

Egal, welche Balls du vorziehst: Du kannst sie alle prima mitnehmen, um bei einem Leistungsabfall sofort eine Menge Energie mit Superfoods ins Blut kullern zu lassen. Alle Balls bringen gute Kohlenhydrate mit, die dich schnell wieder rundlaufen lassen. Und dann noch die wertvollen Inhaltsstoffe aus Haferflocken, Datteln, Kurkuma, Mandeln, Kakao… müssen wir noch mehr aufzählen?

CARROT CAKE

ZUTATEN

FÜR CA. 12 STÜCK

- 50 g Haferflocken
- 1 kleine Möhre
- 180 g getrocknete Datteln
- 30 g Kokosraspel
- 1/2 TL Zimt
- 1 Prise Salz

1. Die Haferflocken im Mixer zu einem groben Mehl mixen. Die Möhre gründlich waschen, fein reiben und mit allen übrigen Zutaten hinzufügen.
2. Alles zu einer homogenen Masse mixen und mit den Händen zu Kugeln formen.
3. Die Energyballs im Kühlschrank aufbewahren.

Nährwerte pro Stück

KCAL		FETT		KH		Z		PROT		BS	
KCAL	79	FETT	1 g	KH	13 g	Z	10 g	PROT	1 g	BS	2 g

ORANGE-ROSMARIN

ZUTATEN

FÜR CA. 12 STÜCK

- 180 g getrocknete Datteln
- 60 ml Saft und etwas abgeriebene Schale von 1 Bio-Orange
- 70 g Sonnenblumenkerne
- 15 g Kakaopulver
- 10 g Kokosöl
- 1 TL Rosmarin
- 1/2 TL Pfeffer

1. Die Datteln grob zerkleinern und in den Mixer geben.
2. Orangensaft über die Datteln geben und ca. 10 Minuten einweichen. Dann alle weiteren Zutaten dazugeben und so lange zerkleinern, bis eine homogene Masse entsteht.
3. Aus der Masse kleine Kugeln formen. Die Energyballs im Kühlschrank aufbewahren.

Nährwerte pro Stück

KCAL	90	FETT	2 g	KH	12 g	Z	9 g	PROT	2 g	BS	1 g

KURKUMA-ZITRONE

ZUTATEN

180 g getrocknete Datteln
100 g Haferflocken
70 g Mandeln
60 ml Saft und 1 TL abgeriebene Schale von 1 Bio-Zitrone
1 TL Kurkuma
1 Prise Pfeffer
40 g Kokosraspel

FÜR CA. 20 STÜCK

1 Die Datteln 10 Minuten in warmem Wasser einweichen, dann das Wasser abgießen und aufbewahren.

2 Datteln mit allen anderen Zutaten bis auf die Kokosrapsel im Mixer zu einer cremigen Masse verarbeiten und bei Bedarf 1 TL des Dattel-Einweichwassers hinzufügen.

3 Aus der Masse kleine Kugeln formen und in den Kokosraspel wälzen. Die Energyballs im Kühlschrank aufbewahren.

Nährwerte pro Stück

KCAL	FETT	KH	Z	PROT	BS
81	3 g	9 g	6 g	1 g	1 g

WALDBEERE-NUSS

ZUTATEN

100 g TK-Beerenmischung
180 g getrocknete Feigen
80 g Haferflocken
30 g Walnüsse
1 EL Agavendicksaft

FÜR CA. 15 STÜCK

1 Alle Zutaten in den Mixer geben und solange zerkleinern, bis eine homogene Masse entstanden ist.

2 Die Masse für 20 Minuten kalt stellen.

3 Anschließend mit den Händen ca. 25 kleine Kugeln formen.

4 Die Kugeln zur Aufbewahrung in den Kühlschrank stellen.

Nährwerte pro Stück

KCAL	FETT	KH	Z	PROT	BS
73	1 g	11 g	7 g	1 g	2 g

YVONNE
HAUPTGERICHT

BANANEN-CHIA-PANCAKES

Pancakes bzw. Pfannkuchen sind ein beliebtes Frühstücksgericht, aber wegen des Mehls als Hauptzutat etwas in Verruf geraten. Diese Bananen-Pancakes kommen ganz ohne Mehl aus: Ei und Haferflocken halten den Teig zusammen, und die Chiasamen machen ihn durch ihre Quellwirkung schön fluffig. Guten Morgen Pfannkuchenfrühstück!

ZUTATEN

1 EL Chiasamen
1 Banane
2 Eier
2 EL Haferflocken
1 TL Kokosöl zum Braten

FÜR 5 STÜCK

1 Chiasamen in ein wenig Wasser quellen lassen.

2 Geschälte Banane mit einer Gabel zerdrücken. Eier, Chiasamen und Haferflocken hinzugeben und alles gut miteinander vermischen.

3 Ein Teelöffel Kokosöl in eine Pfanne geben und erhitzen.

4 Bei mittlerer Hitze den Teig in die Pfanne geben und von beiden Seiten einige Minuten lang zu goldbraunen Pfannkuchen braten.

Nährwerte pro Stück

KCAL	104	FETT	4 g	KH	10 g	Z	5 g	PROT	4 g	BS	2 g

YVONNE

PRE-WORKOUT

HIMBEERLIMONADE

Kokoswasser ist als Sportlergetränk schon länger anerkannt, denn seine Mineralstoffzusammensetzung ist einfach ideal. Zusammen mit Himbeeren und Pfirsich machst du dir daraus eine fruchtige und ganz natürliche isotonische Limo, die deinen Elektrolyt- und Flüssigkeitsverlust während und nach dem Workout auf besonders leckere Weise ausgleicht.

ZUTATEN

150 g TK-Himbeeren
350 ml Kokoswasser
Crushed Ice
Minze

FÜR 2 GLÄSER

1 Himbeeren, Kokoswasser und Crushed Ice in eine Küchenmaschine geben und zu einer homogenen Flüssigkeit mixen.

2 Auf Gläser verteilen, mit frischer Minze garnieren und eiskalt genießen!

Nährwerte pro Glas

KCAL	75	FETT	1 g	KH	12 g	Z	11 g	PROT	1 g	BS	4 g

YVONNE

HAUPTGERICHT

BROKKOLI-CROISSANT-TASCHE

Wir stehen zu unserem Lieblingsgemüse Brokkoli, trotzdem verstecken wir ihn hier mal in einer Teigtasche. Warum? Weil's so einfach ist und lecker schmeckt. Mit nur drei Zutaten – Fertigteig, Lieblingsgemüse Brokkoli und Käse – zauberst du dir einen eiweißreichen Snack, der seine Verpackung zum Mitnehmen praktischerweise selbst mitbringt.

ZUTATEN

1 Packung mit 6 Selbstback-Croissants

200 g Brokkoli

100 g körniger Frischkäse

100 g Parmesan

Salz

Pfeffer

FÜR 3 PORTIONEN

1 Den Backofen auf 180°C Ober-/Unterhitze (Umluft 160°C) vorheizen.

2 Den Croissant-Teig auf einem mit Backpapier ausgelegten Backblech auslegen. Je nach Produkt muss der Teig in Stücke geschnitten und nebeneinander gelegt werden, so dass ein großes längliches Viereck entsteht.

3 Brokkoli waschen und in kleine Röschen teilen. Den Stil schälen und fein würfeln. Den Parmesan reiben.

4 Frischkäse und Parmesan in einer Schüssel miteinander vermengen, den Brokkoli unterrühren und mit Salz und Pfeffer würzen.

5 Die Mischung in einem Streifen in die Mitte des Teigs geben. Die Seiten des Teiges leicht einschneiden und damit die Füllung ummanteln, sodass eine große Teigtasche entsteht.

6 25–30 Minuten im vorgeheizten Ofen backen, bis der Teig goldbraun ist.

TIPP

Wer sich nicht ganz sicher ist, wie er die Teigtasche am besten auslegt, schaut sich am besten auf unserem Facebook-Kanal das Video zum Rezept an. Alle Videos findet ihr unter:
www.facebook.com/bodykitchenkochbuch

Nährwerte pro Portion

KCAL	455	FETT	23 g	KH	35 g	Z	8 g	PROT	25 g	BS	3 g

YVONNE
HAUPTGERICHT

KÜRBISCURRY MIT REIS

Kürbis ist wie gemacht für ein würziges Curry, denn sein milder Geschmack wird von Kokosmilch und Curry einfach ins allerbeste Licht gerückt. Den Hokkaido brauchst du noch nicht einmal zu schälen. Wenn du vegane Gemüsebrühe verwendest, die frei von Spuren tierischer Produkte ist, wird das ein lupenreines veganes Rezept.

ZUTATEN

1 Hokkaidokürbis (ca. 800 g)
1 Zwiebel
1 EL Kokosöl
2 TL Currypulver
500 ml vegane Gemüsebrühe
1 rote Paprikaschote
1 Dose Kokosmilch (400 ml)
1 EL Zitronensaft
Salz
Pfeffer
250 g gekochter Reis

FÜR 4 PORTIONEN

1 Den Kürbis waschen und mit einem scharfen Messer zerteilen. Kerne entfernen und das Fruchtfleisch in Würfel schneiden. Zwiebel schälen und klein schneiden.

2 Die Zwiebel in einem Topf oder einer Pfanne in ein wenig Kokosöl kurz anbraten, dann die Kürbiswürfel hinzugeben, mit dem Curry bestreuen und unter Rühren braten. Nach 2–3 Minuten mit der Gemüsebrühe ablöschen.

3 Paprika waschen, Samen und Scheidewände entfernen und das Fruchtfleisch in Streifen schneiden. In den Topf geben und alles ca. 10 Minuten bei mittlerer Hitze köcheln lassen.

4 Kokosmilch und Zitronensaft unterrühren und wenige Minuten weiter köcheln lassen.

5 Mit Salz und Pfeffer abschmecken und mit Reis servieren.

TIPP

Naturreis ist ungeschälter Reis, der noch alle guten Inhaltsstoffe der Schale besitzt. Er hat auch mehr Ballaststoffe als zum Beispiel weißer Basmatireis. Die gehen deshalb langsamer ins Blut.

Nährwerte pro Portion

KCAL	451	FETT	24 g	KH	48 g	Z	15 g	PROT	7 g	BS	6 g

YVONNE
SNACK

KOKOS-MILCHREIS

Milchreis – weckt diese cremige, süße Etwas auch bei dir Kindheitserinnerungen? Natürlich war das Trostessen damals noch mit Kuhmilch zubereitet. Mit Kokosmilch wird der Reis mindestens so lecker, ist außerdem laktosefrei und kriegt einen exotischen Touch. Schnibbel dir ein bisschen frisches Obst dazu, wenn du magst, oder genieße ihn pur – warm oder kalt.

ZUTATEN

300 ml Kokosmilch
70 g Rundkornreis
1 EL Agavendicksaft
1 Prise Salz
2 EL Kokosraspel
Obst nach Belieben

FÜR 4 PORTIONEN

1 Die Kokosmilch in einem großen Topf zum Köcheln bringen. Reis, Agavendicksaft und Salz unter Rühren mit dem Schneebesen hinzugeben. Ohne Deckel ca. 20 Minuten köcheln lassen. Zwischendurch hin und wieder umrühren, damit sich der Reis nicht am Topfboden festsetzt.

2 Der Reis vom Herd nehmen, wenn er die Flüssigkeit komplett aufgenommen hat. Auf Schälchen verteilen und mit Kokosraspel und nach Belieben mit Obst garnieren. Schmeckt kalt und warm!

Nährwerte ohne Obst pro Portion

KCAL	FETT	KH	Z	PROT	BS
242	17 g	19 g	3 g	3 g	0 g

YVONNE
ZWISCHENMAHLZEIT

SÜSSKARTOFFELTOAST

Echt jetzt? Toasts aus Süßkartoffelscheiben? Um weiteren Fragen zuvorzukommen: Ja, das schmeckt sogar hervorragend. Und dass diese Toasts garantiert besser für deinen Körper sind als solche aus Weißmehl kannst du dir sicher auch schon denken. Weil es also nicht nur lecker, sondern auch gesund ist, machen wir dir hier gleich vier Vorschläge für den Belag. Wir sind sicher, du kommst auf den Geschmack, und dir fallen noch mehr ein.

ZUTATEN

FÜR 2 TOASTS

1/2 Süßkartoffel

1 Süßkartoffel waschen und in fingerdicke Scheiben schneiden, sodass sie noch in den Toaster passen.

2 Zwei- bis dreimal toasten, bis die Süßkartoffelscheiben gar sind.

EI-SCHINKEN

ZUTATEN

FÜR 2 TOASTS

TOPPING

1/2 Zwiebel
1 TL Öl zum Dünsten
30 g magere Rohschinkenwürfel
2 Eier

1 Zwiebel schälen, fein würfeln und in der Pfanne in etwas Öl glasig dünsten. Rohschinken hinzufügen und mitbraten.

2 Eier in die Pfanne schlagen und alles gut durchrühren, bis das Ei stockt.

3 Den Belag auf den Süßkartoffelscheiben verteilen.

Nährwerte pro Toast

KCAL	184	FETT	7 g	KH	16 g	Z	4 g	PROT	11 g	BS	2 g

AVOCADO-KRESSE

ZUTATEN | **FÜR 2 TOASTS**

TOPPING

50 g Magerquark
Salz
Pfeffer
1/2 Avocado
Kresse

1 Quark mit Salz und Pfeffer würzen. Auf die Süßkartoffeltoasts streichen. Das Avocadofruchtfleisch in dünne Spalten schneiden und darauf verteilen.

2 Mit Kresse garnieren.

Nährwerte pro Toast

KCAL	197	FETT	12 g	KH	16 g	Z	4 g	PROT	5 g	BS	4 g

PEANUTBUTTER-JELLY

ZUTATEN | **FÜR 2 TOASTS**

TOPPING

40 g Erdnussbutter
20 g Konfitüre nach Wahl (am besten rote wie Erdbeer, Himbeer oder Kirsch)

1 Toasts mit Erdnussbutter und Marmelade bestreichen.

Nährwerte pro Toast

KCAL	205	FETT	9 g	KH	20 g	Z	8 g	PROT	7 g	BS	4 g

FRISCHKÄSE-WALNUSS-HONIG

ZUTATEN | **FÜR 2 TOASTS**

TOPPING

50 g körniger Frischkäse
1 EL flüssiger Honig
40 g Walnusskerne

1 Den Frischkäse mit dem Honig vermengen und auf die Süßkartoffeltoasts streichen.

2 Walnüsse hacken und Toasts damit bestreuen.

Nährwerte pro Toast

KCAL	242	FETT	14 g	KH	20 g	Z	8 g	PROT	7 g	BS	3 g

YVONNE

HAUPTGERICHT

ZOODLE-THUNFISCH-AUFLAUF

Zucchini-Nudeln, kurz Zoodeln, sind in der Low-Carb-Community der Renner. Und was man nicht alles mit dünnen Zucchinischeiben anstellen kann! Egal welches Pastagericht, dank Zoodeln gibt es inzwischen eine Low-Carb-Variante davon. Wir haben aus den Zoodeln einen Auflauf entwickelt, der pro Portion 35 g Eiweiß auf die Waage bringt. Auch nicht schlecht, oder?

ZUTATEN

1-2 EL Olivenöl für die Form und zum Braten

3 Zucchini

2 Dosen Thunfisch

2 EL fettarmer Joghurt

1 EL Senf

1/2 TL Meersalz

1/2 TL Pfeffer

100 g Mais

1 Zwiebel

1 Knoblauchzehe

150 ml Kokosmilch

2 EL gemahlene Mandeln

Schnittlauchröllchen zum Garnieren

FÜR 2 PORTIONEN

1 Den Ofen auf 180 °C (Umluft 160 °C) vorheizen. Eine Auflaufform einfetten und zur Seite stellen.

2 Die Zucchini mit einem Spiralschneider in Nudelform bringen. Möglichst viel Wasser aus den Zucchininudeln herauspressen.

3 In einer Schüssel den Thunfisch mit Joghurt, Senf, Salz, Pfeffer und Mais vermengen.

4 Zwiebel und Knoblauch kleinschneiden und in einer Pfanne anschwitzen. Kokosmilch und die gemahlenen Mandeln hinzufügen und solange rühren, bis eine klumpenfreie Sauce entsteht.

5 Zucchininudeln mit in die Pfanne geben und zwei Minuten köcheln lassen.

6 Jetzt alles mit der Thunfischmasse vermengen und in die Auflaufform geben.

7 Ca. 10-15 Minuten backen und zum Beispiel mit Schnittlauch garnieren.

Nährwerte pro Portion

KCAL	FETT	KH	Z	PROT	BS
412	22 g	15 g	10 g	35 g	5 g

YVONNE
HAUPTGERICHT

TOMATEN-LINSEN-SUPPE

Einen Vorrat an Linsen solltest Du immer im Haus haben, denn die kleinen Hülsenfrüchte besitzen eine Menge Eiweiß, das dein Body liebt. Ein Fünftel der Gesamtkalorien brauner Linsen bestehen aus hochwertigem Protein! Wenn das nicht ein guter Grund ist, die kleinen Eiweißbomben öfter in den Speiseplan aufzunehmen. Geh mal auf Entdeckungsreise im Supermarkt oder Bioladen – du wirst staunen, mit wie vielen unterschiedlichen Sorten du deinen Speiseplan bereichern kannst! Getrocknet halten sich Linsen übrigens ewig.

ZUTATEN

1 Zwiebel
1 Knoblauchzehe
1 EL Öl
1 Bund Suppengrün (2 Möhren, 1 Stück Sellerie, 1 Stück Lauch, Petersilie)
2 rote Paprikaschoten
2 TL gemahlener Koriander
2 TL Paprikapulver
1 TL Chilipulver
1 l Gemüsebrühe
2 Dosen stückige Tomaten (à 400 g)
300 g getrocknete braune Linsen
Salz
Pfeffer

FÜR 6 PORTIONEN

1 Zwiebeln und Knoblauch schälen und fein hacken. In einem großen Topf bei mittlerer Hitze in Öl anbraten.

2 Das Gemüse aus dem Suppengrünbund waschen, putzen und kleinschneiden. Paprika waschen, von Samen und Scheidewänden befreien und ebenfalls kleinschneiden.

3 Koriander, Paprika- und Chilipulver in den Topf geben. Dann auch Suppengemüse und Paprika dazugeben und alles 3–5 Minuten unter kräftigem Rühren anbraten.

4 Mit der Gemüsebrühe ablöschen.

5 Tomaten und Linsen in den Topf geben, mit Pfeffer würzen und ca. 45 Minuten bei mittlerer Hitze köcheln lassen, bis die Linsen gar sind. Erst am Ende der Kochzeit salzen.

6 Mit den abgezupften Petersilienblättchen aus dem Suppengrün garnieren.

VARIATION MUSKELAUFBAU

Nimm statt der braunen rote Linsen, die haben noch mehr Eiweiß. Rote Linsen sind außerdem viel schneller gar, gib sie erst in den letzten 15–20 Minuten dazu.

Nährwerte pro Portion

KCAL	255	FETT	3 g	KH	35 g	Z	10 g	PROT	14 g	BS	9 g

YVONNE
HAUPTGERICHT

KABELJAU MIT KOKOS-MACADAMIA-KRUSTE

Zweimal in der Woche Fisch, so lautet die Empfehlung. Lass dich von dem Fettanteil von 32 g in einer Portion nicht erschrecken – das sind die guten essentiellen Fettsäuren, die für Herz, Hirn und Immunsystem so wichtig sind. Mit eben soviel Protein hat der Kabeljau in dieser Zubereitung aber noch mehr Gutes zu bieten.

ZUTATEN

1 Kabeljaufilet (ca. 160 g)
1 TL Olivenöl
8 Macadamianüsse
1 EL Kokosraspel
1 EL geriebener Parmesan
1 TL Kokosöl

FÜR 1 PORTION

1. Den Backofen auf 220°C Ober-/Unterhitze (Umluft 200°C) vorheizen. Das Kabeljaufilet in eine Auflaufform legen, mit Olivenöl beträufeln und ca. 6 Minuten backen.
2. In der Zwischenzeit die Macadamianüsse, die Kokosraspel und den Parmesan im Mixer zu einer Masse mixen. Das Kokosöl in einem Topf schmelzen und unterrühren.
3. Das Kabeljaufilet aus dem Backofen nehmen, die Kokos-Nuss-Mischung auf dem Fisch verteilen und anschließend weitere 10-15 Minuten im Ofen backen.

Nährwerte pro Portion

KCAL	422	FETT	31 g	KH	1 g	Z	0 g	PROT	32 g	BS	3 g

YVONNE
SNACK

KOKOS-PROTEIN-BALLS

Wahrscheinlich hast du sofort die weißgekleidete Frau mit dem großen Hut aus der Werbung vor deinem inneren Auge, denn diese Balls lassen dich nicht ohne Grund an den süßen Kokos-Sommergenuss ganz ohne Schokolade denken. Ja, diese Balls schmecken fast genauso, haben aber mit Magerquark und Eiweißpulver fünf mal mehr Protein als ihr Vorbild und kaum Zucker.

ZUTATEN

250 g Magerquark
50 g gemahlene Mandeln
50 g Kokosraspel
25 g Eiweißpulver mit Vanillegeschmack
12 Mandeln

FÜR CA. 12 STÜCK

1 Quark, gemahlene Mandeln, zwei Drittel der Kokosraspel und Eiweißpulver in einer Schüssel vermischen. Aus dem Teig 12 Kugeln formen und in jede eine ganze Mandel stecken.

2 Die restlichen Kokosraspel in einen tiefen Teller geben und die Kugeln darin wälzen. Mindestens 4 Stunden kalt stellen.

Nährwerte pro Stück

KCAL	FETT	KH	Z	PROT	BS
75	5 g	1 g	1 g	5 g	0 g

YVONNE
ZWISCHENMAHLZEIT

PROTEIN-SANDWICHES

Mit deinem Sandwichtoaster kannst du nicht nur Brotscheiben mit beliebiger Füllung toasten. Nein, viel besser: Du kannst auch deinen eigenen Sandwichteig mischen und den rohen Teig zusammen mit der Füllung direkt im Gerät zu einem Sandwich backen. Schon der Teig ist dank zweier Eier und des Eiweiß aus Haferflocken und Mandeldrink sehr proteinreich. Dazu kommt noch das Protein aus Feta oder Thunfisch.

ZUTATEN

FÜR 5 SANDWICHES

TIEG

- 120 g Haferflocken
- 1 TL Backpulver
- 1 TL Salz
- 20 g Kokosöl
- 2 Eier
- 60 ml Mandeldrink

1. Haferflocken im Mixer zu feinem Mehl mahlen. Mit Backpulver und Salz vermischen. Kokosöl schmelzen und leicht abkühlen lassen.
2. Eier, Kokosöl und Mandeldrink verquirlen, zum Mehlgemisch geben und alles zu einem glatten Teig rühren.
3. Einen großen Löffel des Teigs auf den Sandwichtoaster geben. Einen Klecks der gewählten Füllung daraufgeben und mit einem weiteren Löffel Teig bedecken.
4. Sandwichtoaster schließen und das Sandwich backen.

THUNFISCH-EI

ZUTATEN

FÜR 5 SANDWICHES

FÜLLUNG

- 1 Frühlingszwiebel
- 1 TL Öl zum Dünsten
- 2 Eier
- 100 g Thunfisch
- Salz
- Pfeffer

1. Frühlingszwiebel waschen, in feine Ringe schneiden und in einer Pfanne in etwas Öl andünsten.
2. Eier dazugeben und ein saftiges Rührei backen. Mit dem Thunfisch vermischen und mit Salz und Pfeffer würzen.

Nährwerte pro Sandwich

KCAL	302	FETT	21 g	KH	2 g	Z	1 g	PROT	22 g	BS	4 g

AJVAR-FETA

ZUTATEN

FÜR 5 SANDWICHES

FÜLLUNG

100 g Feta
5 EL Ajvar
1 Handvoll Basilikum
Salz
Pfeffer

1 Feta in eine Schüssel bröseln und mit dem Ajvar verrühren. Basilikum hacken und unter die Mischung rühren. Mit Salz und Pfeffer würzen.

TIPP
Ajvar ist eine Paprika-Würzpaste, die die meisten Supermärkte im Sortiment haben.

Nährwerte pro Sandwich

KCAL		FETT		KH		Z		PROT		BS	
KCAL	313	FETT	23 g	KH	15 g	Z	2 g	PROT	9 g	BS	2 g

PARMA

ZUTATEN

FÜR 5 SANDWICHES

FÜLLUNG

70 g Parmaschinken
1 Handvoll Rucola
100 g grünes Pesto
Salz
Pfeffer

1 Den Schinken und Rucola in kleine Stücke schneiden und in einer Schüssel mit dem Pesto verrühren. Mit Salz und Pfeffer würzen.

Nährwerte pro Sandwich

KCAL		FETT		KH		Z		PROT		BS	
KCAL	361	FETT	27 g	KH	16 g	Z	1 g	PROT	10 g	BS	2 g

YVONNE
HAUPTGERICHT

SPINATCRÊPES

Crepes sind besonders dünne Pfannkuchen, die ideal zum Einwickeln von Füllungen geeignet sind. Aber sie schmecken auch ohne Extras einfach lecker. Wir haben hier mal Buchweizenmehl verwendet, das einen ganz besonderen, kräftig-nussigen Geschmack hat und gut zum Spinat passt. Noch ein paar Vorteile: Es hat viel besseres Eiweiß als beispielsweise Weizen und ist zu hundert Prozent glutenfrei. Traditionell wird es zum Beispiel für russische Blinis und französische Galettes verwendet, beides sind Pfannkuchenvarianten.

ZUTATEN

400 g frischer Spinat
225 g Buchweizenmehl (oder eine andere Mehlsorte)
3 Eier
500 ml Haferdrink
1 Prise Salz
10 Basilikumblätter
1 TL Kokosöl

FÜR 10 STÜCK

1 Spinat waschen und gut abtropfen und abtrocknen. Dann alle Zutaten bis auf das Kokosöl mit 250 ml Wasser im Mixer so lange zerkleinern und vermischen, bis ein glatter grüner Teig entstanden ist.

2 Kokosöl in einer beschichteten Pfanne bei mittlerer Hitze schmelzen lassen.

3 Jeweils ca. 1 Tasse des Teigs in die Pfanne geben und die Pfanne kurz schwenken, damit sich der Teig gleichmäßig verteilt. Von jeder Seite ca. 2 Minuten bräunen. Nach und nach auf diese Weise 5 Crępes backen. Und am besten warm genießen.

VARIATIONEN

Für mehr Protein bestreiche die Crepes mit Magerquark oder körnigem Frischkäse und roll sie zusammen. Ansonsten kannst du deine Crępes mit Früchten oder Marmelade essen. Oder du machst sie dir herzhaft, zum Beispiel mit Parmaschinken, Rucola und kleingeschnittenen Cherrytomaten.

Nährwerte pro Stück

KCAL	FETT	KH	Z	PROT	BS
134	3 g	21 g	3 g	4 g	1 g

YVONNE
HAUPTGERICHT

MÖHRENSPAGHETTI MIT HÄHNCHEN

Proteinlover mit einem Fetisch für Asiafood werden sich hier die Finger lecken, denn 63 g Protein pro Portion sind eine Ansage. Die süß-würzige Marinade mit Kurkuma, Chili, Honig und Soja aromatisiert Hähnchen und Nudeln auf besonders leckere Weise. Doch hier sind die Nudeln mal nicht aus Getreide, sondern entstehen mit dem Spiralschneider aus Möhren. Das reduziert die Kohlenhydrate.

ZUTATEN

FÜR 2 PORTIONEN

- 2 Hähnchenbrustfilet (je ca. 250 g)
- 1 TL Kurkuma
- 1/2 TL Chilipulver
- Salz
- Pfeffer
- 1 EL Honig
- 3 EL Sojasauce
- 1 EL Sesamöl
- 6 Möhren
- 3 Frühlingszwiebeln
- 1/2 rote Paprikaschote

1. Die Hähnchenbrustfilet in Würfel schneiden. In einer Schüssel Kurkuma, Chilipulver, Salz, Pfeffer, Honig, Sojasauce und die Hälfte des Sesamöls miteinander vermischen.
2. Das Fleisch in die Mischung geben, gut vermengen, bis es gut benetzt ist.
3. Die Möhren schälen und mit einem Spiralschneider in Nudelform schneiden.
4. Die Lauchzwiebeln waschen und in Ringe schneiden, die Paprika waschen, von Samen und Scheidewänden befreien und in schmale Streifen schneiden.
5. Das restliche Öl in einer Pfanne oder einem Wok erhitzen und das Fleisch darin scharf anbraten.
6. Hitze reduzieren, Möhrennudeln, Paprika und Lauchzwiebeln hinzugeben und so lange bei geschlossenem Deckel dünsten, bis alles gar ist.

Nährwerte pro Portion

KCAL		FETT		KH		Z		PROT		BS	
	556		13 g		33 g		26 g		63 g		12 g

YVONNE
PRE-WORKOUT

GRAPEFRUIT ERDBEER SMOOTHIE

Smooth, smoother… Smoothie! Wenn du die Banane für ein paar Stunden in den Tiefkühler legst und sie dann in den Mixer gibst, wird dein Smoothie noch cremiger. Damit hast du einen erfrischenden und leckeren Drink, der durch die Grapefruit sogar noch deinen Blutzucker stabilisiert. Der in Grapefruits enthaltene sekundäre Pflanzenstoff Naringin soll sogar bei der Gewichtsabnahme helfen.

ZUTATEN

1 tiefgekühlte Banane
150 g Grapefruit (1/2 Frucht)
150 g TK-Erdbeeren
1 TL Agavendicksaft

FÜR 1 GLAS

1. Banane grob zerkleinern. Grapefruit schälen und in Stücke teilen.
2. Banane und Grapefruit mit Erdbeeren und Agavendicksaft in den Mixer geben. Solange pürieren, bis eine cremige Masse entstanden ist.
3. Den Shake in ein Glas füllen.

Nährwerte pro Glas

KCAL		FETT		KH		Z		PROT		BS	
	292		1 g		57 g		47 g		3 g		3 g

YVONNE
POST-WORKOUT

AVOCADO-BACON-EIER

Eier, Parmesan, Schinken: Damit gönnst du dir schon zum Frühstück die Proteinladung, die dich superfit in den Tag starten lässt. Diese leckeren Zutaten kombinierst du auf die Schnelle mit dem Superfood Avocado, schiebst das Ganze in den Ofen, springst rasch unter die Dusche, und wenn du fertig bist, ist es dein supereinfaches Frühstück auch. Übrigens auch genial für den Proteinschub nach dem Workout!

ZUTATEN

1 Avocado
2 Eier
15 g Parmesan
30 g Schinkenwürfel
Salz
Pfeffer

FÜR 1 PORTIONEN

1 Ofen auf 220°C Ober-/Unterhitze (Umluft 200°C) vorheizen. Die Avocado halbieren und den Kern entfernen.

2 Die Avocadohälften in einer Muffinform platzieren, um sie beim Backen zu stabilisieren. Die Löcher der Avocadohälften mit einem Löffel etwas weiter aushöhlen. Den Parmesan reiben.

3 Je 1 Ei in eine Avocadohälfte schlagen und mit Käse und Schinkenwürfeln bestreuen. Mit Salz und Pfeffer würzen.

4 Avocado in den Ofen schieben, ca. 15 Minuten backen und warm servieren.

Nährwerte pro Portion

KCAL		FETT		KH		Z		PROT		BS	
KCAL	593	FETT	45 g	KH	10 g	Z	3 g	PROT	28 g	BS	10 g

YVONNE
HAUPTGERICHT

SUSHI BOWLS

Das klassische Dreigestirn auf dem Teller – Fleisch, Gemüse, Sättigungsbeilage – war gestern. Heute gibt es Bowls! Du füllst eine kohlenhydratreiche Grundlage in eine Schüssel und häufst deine Protein- und Gemüsezutaten einfach darauf. Wir haben uns hier für eine Reisgrundlage entschieden. Dazu gibt's Vitamine und frische Zutaten satt.

ZUTATEN

FÜR 2 PORTIONEN

200 g Reis (Natur- oder Sushireis nach Geschmack)
Salz

1 Den Reis nach Packungsanweisung in Salzwasser kochen und in eine große Schüssel füllen.

TOFU-BOWL

ZUTATEN

FÜR 2 PORTIONEN

100 g Tofu
1 TL Mehl
1 TL Öl
1/2 Zwiebel
1/2 Zucchini
1/2 Aubergine
6 Oliven ohne Stein
6 getrocknete Tomaten
50 g Feta
6 Cherrytomaten
1 EL Sojasauce

1 Den Tofu würfeln und im Mehl wenden. Das Öl in einer Pfanne erhitzen und den Tofu mit darin anbraten, dann bildet sich eine schöne Kruste.

2 Zwiebel schälen, Zucchini und Aubergine waschen. Alles fein würfeln.

3 Zucchini und Aubergine in die Pfanne geben und mit anbraten. Zwiebel nach Belieben mitbraten.

4 Oliven, getrocknete Tomaten, Feta und Cherrytomaten in kleine Würfel schneiden und alles nebeneinander in der Reisschüssel drapieren. Mit der Sojasauce würzen.

5 Foto machen und genießen.

Nährwerte pro Portion

KCAL		FETT		KH		Z		PROT		BS	
KCAL	625	FETT	21 g	KH	79 g	Z	5 g	PROT	26 g	BS	11 g

THUNFISCH-BOWL

ZUTATEN

1 Frühlingszwiebel
1 Dose Thunfisch im eigenen Saft
100 g körniger Frischkäse
1/2 Avocado
1/2 rote Paprikaschote
1 Möhre
Bio-Salatgurke
Sesam

FÜR 2 PORTIONEN

1 Frühlingszwiebel waschen und in feine Ringe schneiden. Den Thunfisch abtropfen lassen und mit einem Teil der Frühlingszwiebelringe und mit dem Frischkäse vermischen. Auf den Reis geben.

2 Avocado schälen und den Kern entfernen. Paprika waschen, von Samen und Scheidewänden befreien. Beides in Scheiben schneiden und auf den Reis in der Schüssel legen.

3 Die Möhre schälen mit dem Sparschäler dünne Scheiben direkt auf den Reis schneiden. Die Gurke waschen, in kleine Würfel schneiden und alles nebeneinander in der Schüssel drapieren.

4 Sesam darüberstreuen, Foto machen und genießen.

Nährwerte pro Portion

KCAL	658	FETT	18 g	KH	79 g	Z	8 g	PROT	38 g	BS	11 g

YVONNE
HAUPTGERICHT

QUINOA-HÄHNCHEN-AUFLAUF

Quinoa, das Korn der Inkas, ist eine hervorragende Alternative zu Nudeln und Reis – und was noch besser ist: viel einfacher zu kochen! Dieses Mal haben wir Quinoa benutzt, um daraus einen Hühnchen-Auflauf zu machen. Durch die Soja-Ingwer-Knoblauch-Sauce bekommt das Gericht eine schöne asiatische Note, und die Nährwerte können sich sehen lassen.

ZUTATEN

- 1 EL Öl für die Form
- 1 Tasse Quinoa
- 1 Zwiebel
- 2 rote Paprika
- 3 TL Sojasauce
- 1 Knoblauchzehe
- 1/2 TL Ingwer
- 500 g Hähnchenbrustfilet
- 1 Tasse Cashewkerne

FÜR 2 PORTIONEN

1. Ofen auf 190 °C (Umluft 170 °C) vorheizen und eine Auflaufform einfetten.
2. Quinoa auf dem Boden der Auflaufform verteilen und die gewürfelten Zwiebeln und Paprikaschoten darauf legen.
3. Aus Sojasauce, gepresstem Knoblauch, Ingwer und 1 Tasse Wasser die Sauce anrühren.
4. Dann die Sauce gleichmäßig über dem Hähnchen verteilen. 45 Minuten backen und die Cashews auf dem Auflauf verteilen. Weitere 10 Minuten backen, damit die Cashewkerne schön angeröstet werden.
5. Mit frischen Kräutern (z.B. Koriander) anrichten.

Nährwerte pro Portion

KCAL		FETT		KH		Z		PROT		BS	
KCAL	573	FETT	21 g	KH	43 g	Z	9 g	PROT	43 g	BS	7 g

YVONNE
ZWISCHENMAHLZEIT

FRUCHTBLECH

Zur Abwechslung gibt's mal einen Obstsalat aus dem Ofen. Ja, das geht auch. Durch das Backen bekommt das Obst ein würzigeres Aroma und einen weihnachtlichen Touch. Mach dir die süße Obstmischung aufs Eis oder den Joghurt.

ZUTATEN

FÜR 1 BLECH

300 g Apfel
300 g Birne
200 g Ananas
1 EL Zitronensaft
1 EL Kokosöl
1 TL Zimt
1 Msp. Muskat
50 g Rohrzucker
50 g Walnusskerne

1 Den Backofen auf 150°C Ober-/Unterhitze (130°C Umluft) vorheizen. Das Obst waschen bzw. putzen, schälen und in Scheiben bzw. Würfel schneiden. In einer Schüssel mit dem Zitronensaft vermengen.

2 Das Kokosöl schmelzen und in einer zweiten Schüssel mit den Gewürzen und dem Rohrzucker verrühren. Die Mischung zu den Früchten geben und vermengen.

3 Alles auf ein mit Backpapier ausgelegtes Backblech geben und im Ofen ca. 30 Minuten backen. Dann die Walnüsse hinzufügen und weitere 30 Minuten backen.

Nährwerte pro Blech

KCAL	FETT	KH	Z	PROT	BS
1109	46 g	161 g	138 g	10 g	21 g

YVONNE
HAUPTGERICHT

MÖHREN-PARMESAN-POMMES

Diese Pommes aus dem Ofen kannst du als Snack genießen oder aber als Beilage zu einem guten Stück Fleisch servieren. Ihr Kohlenhydratgehalt ist deutlich niedriger als der von herkömmmlichen Pommes. Sie sind ganz ohne Mayo oder Ketchup lecker, du kannst aber auch unsere Salsa dazu servieren oder einen Quarkdipp selber machen.

ZUTATEN

500 g Möhren
50 g Parmesan
1/2 TL Pfeffer
1/2 TL Salz
1/2 TL Knoblauchpulver
1 EL Olivenöl
1 Bund Petersilie

FÜR 2 PORTIONEN

1 Den Ofen auf 200°C Ober-/Unterhitze (Umluft 180°C) vorheizen. Die Möhren schälen, die Enden abschneiden und die Möhren in Stifte schneiden.

2 Parmesan in eine kleine Schüssel reiben und mit Pfeffer, gerupfter Petersilie, Salz und Knoblauchpulver vermischen.

3 Die Möhrenstifte in einer großen Schüssel in dem Öl wenden, dann die Käse-Kräuter-Gewürz-Mischung hinzugeben. Alles gut miteinander vermischen.

4 Die Möhren auf einem mit Backpapier ausgelegten Backblech verteilen und 15–20 Minuten backen. Vor dem Verzehr kurz abkühlen lassen!

Nährwerte pro Portion

KCAL		FETT		KH		Z		PROT		BS	
KCAL	276	FETT	13 g	KH	21 g	Z	17 g	PROT	12 g	BS	8 g

MÖHREN-PARMESAN-POMMES

SALSA-DIPP

ZUTATEN

1/2 Zwiebel
1 Knoblauchzehe
2 Chilischoten
1/4 rote Paprikaschote
1/4 grüne Paprikaschote
1 EL Öl zum Braten
1/2 Dose geschälte Tomaten (200 g)
1 EL flüssiger Honig
3 TL frisch gepresster Zitronensaft
Salz
Pfeffer

FÜR 1 GLAS

1. Zwiebel und Knoblauch schälen, Chili und Paprika waschen und Samen und Scheidewände entfernen. Alles sehr fein würfeln.
2. Etwas Öl in einem Topf erhitzen und Zwiebeln und Knoblauch darin glasig werden lassen. Paprika und Chili dazugeben und ebenfalls etwas andünsten.
3. In der Zwischenzeit die Tomaten aus der Dose fein würfeln und zusammen mit deren Saft in den Topf geben.
4. Honig und Zitronensaft unterrühren. Dipp mit Salz und Pfeffer abschmecken und so lange einkochen, bis die gewünschte Konsistenz erreicht ist.
5. In ein Einmachglas füllen, abkühlen lassen und im Kühlschrank aufbewahren.

TIPP

Um den Dipp länger haltbar zu machen, das Einmachglas nach dem Füllen fest verschließen, umdrehen und auf dem Kopf stehend erkalten lassen.

Nährwerte pro Glas

KCAL	FETT	KH	Z	PROT	BS
190	9 g	20 g	19 g	2 g	4 g

YVONNE
HAUPTGERICHT

RISOTTO MIT HUHN

Die Hauptzutat von Risotto ist – wie sollte es anders sein – der Reis. Damit bekommst du ein cremig-sämiges High-Carb-Gericht, das durch das Hähnchenfleisch auch noch ganz viel hochwertiges Protein mitbringt, nämlich 46 g pro Portion. Ein tolles Gericht zum Sattessen und Energienachtanken nach dem Sport.

ZUTATEN

FÜR 2 PORTIONEN

- 2 Schalotten
- 1 Knoblauchzehe
- 1 TL Olivenöl
- 200 g Champignons
- 160 g Hähnchenbrustfilet
- 200 g Vollkorn-Risotto-Reis (Vollkorn-Rundkorn-Reis)
- 300 ml heiße Hühnerbrühe
- 160 g TK-Erbsen
- 2 EL frisch gepresster Zitronensaft
- 60 g Parmesan
- Petersilie
- Salz
- Pfeffer

1. Schalotten und Knoblauch schälen und fein würfeln. Olivenöl in einer Pfanne erhitzen und Schalotten und Knoblauch darin anschwitzen. Wer keine große Pfanne hat, kann das Rezept auch klassisch im Topf zubereiten.

2. In der Zwischenzeit die Champignons waschen und in Scheiben schneiden. Mit in die Pfanne geben. Hähnchenbrustfilet in Streifen schneiden.

3. Nach wenigen Minuten Reis und Hähnchenfleisch ebenfalls in die Pfanne geben, kurz anbraten und dann mit der Hälfte der Brühe ablöschen.

4. Erbsen hinzufügen und das Ganze unter häufigem Rühren köcheln lassen. Die Flüssigkeit mit geschlossenem Deckel bei schwacher Hitze vom Reis vollständig aufnehmen lassen.

5. Zitronensaft und die restliche Brühe in die Pfanne geben, verrühren und wieder die Flüssigkeit vollständig aufnehmen lassen.

6. Parmesan reiben und zusammen mit der Petersilie dazugeben. Wieder gut verrühren. Mit Salz und Pfeffer würzen.

Nährwerte pro Portion

KCAL	FETT	KH	Z	PROT	BS
680	13 g	87 g	5 g	44 g	7 g

YVONNE
POST-WORKOUT

BANANEN-MANDEL-ZIMT-SHAKE

Diesem süßen Shake musst du überhaupt kein Süßungsmittel zufügen, denn die Banane bringt schon genügend Süße mit. Ein Glas hat fast 50 g Kohlenhydrate, die zusammen mit den Ballaststoffen für eine langanhaltende Sättigung sorgen. Super für neue Energie, wenn du so richtig ausgepowert bist.

ZUTATEN

FÜR 1 GLAS

- 1 Banane
- 15 g Chia-Samen
- 30 g Haferflocken
- 120 ml Mandeldrink
- 1 Msp. Zimt
- 1 EL LSA-Mix

1 Banane schälen und in grobe Stücke brechen. Mit allen anderen Zutaten in den Mixer geben und so lange pürieren, bis eine glatte Masse entsteht.

VARIATION MUSKELAUFBAU

Wer Muskeln aufbauen möchte, kann den Eiweißgehalt des Shakes mit Magerquark oder Proteinpulver erhöhen – oder mit beidem.

Nährwerte pro Glas

KCAL	FETT	KH	Z	PROT	BS
428	16 g	49 g	26 g	12 g	13 g

LSA-MIX

Linseed, sunflower seeds und almonds – die Anfangsbuchstaben der drei Zutaten geben diesem Kernemix seinen Namen. Übersetzt würden wir also LSM-Mix sagen – macht es, wie ihr wollt. Ihr könnt den Mix, der reich an gesunden Fetten, Ballaststoffen, Protein, Mineralstoffen und Vitaminen ist, über euer Müsli streuen, in euren Smoothie, Joghurt oder Obstsalat rühren und selbst als Bindemittel beim Backen eignet er sich.

ZUTATEN

FÜR 1 GROSSES EINMACHGLAS

- 250 g Leinsamen
- 140 g Sonnenblumenkerne
- 75 g Mandeln

1 Alle Zutaten im Mixer fein mahlen. Luftdicht und kühl lagern.

TIPP

Mixt euch einen Post-Workout-Muskelbooster-Smoothie mit LSA, Nussmilch, Bananen, TK-Früchten und Proteinpulver.

Nährwerte pro Einmachglas

KCAL	FETT	KH	Z	PROT	BS
2214	153 g	52 g	3 g	115 g	104 g

YVONNE
ZWISCHENMAHLZEIT

SÜSSE KÜRBISBRÖTCHEN

Diese leckeren, kleinen, süßen, unwiderstehlich weichen Kürbisbrötchen werden dich an deine ersten Bäckereibesuche und Milchbrötchen erinnern. Sie duften herrlich, der Hefe sei dank, und schmecken super, wenn du sie mit Quark, Ziegenfrischkäse und ein paar Kräutern garnierst. Oder du machst dir Marmelade drauf. Oder oder oder.

ZUTATEN

- 250 g Brotmehl
- 1 Päckchen Trockenhefe
- 1 Prise Meersalz
- 100 g Kokosblütenzucker
- 120 ml Mandelmilch
- 270 g Mandelbutter
- 1 Ei
- 75 g Kürbis, gekocht und gestampft

FÜR 20 BRÖTCHEN

1. In einer großen Schüssel das Mehl, Hefe, Salz und den Kokosblütenzucker miteinander vermischen.
2. Die Mandelmilch mit der Mandelbutter aufwärmen, Ei und Kürbis einrühren.
3. Die Mandelmilchmixtur unter die Mehlmixtur rühren, bis sich alles gut verbunden hat. Dann den Teig gute 10 Minuten kneten.
4. Den Teig in eine große Schüssel legen, abdecken und ruhen lassen, bis er sein Volumen verdoppelt hat.
5. Den Teig halbieren und jeweils in eine lange Schlange rollen. Fast faustgroße Stücke abschneiden und auf einem Blech mit ein wenig Abstand voneinander auslegen.
6. Wieder 45 Minuten ruhen lassen.
7. Den Ofen auf 180°C (Umluft 160°C) vorheizen.
8. Die Brötchen für 30 bis 35 Minuten goldbraun backen. Dann genießen.

Nährwerte pro Brötchen

KCAL		FETT		KH		Z		PROT		BS	
KCAL	152	FETT	8 g	KH	14 g	Z	5 g	PROT	5 g	BS	0 g

YVONNE
HAUPTGERICHT

AVOCADO-SPINAT-CREME AUF REIS

Nudeln mit Pesto sind zwar immer wieder lecker, aber es könnte auch mal wieder was anderes auf den Tisch kommen? Dann probier doch mal Reis mit Pesto! Natürlich nicht die 08/15-Version, sondern diese schnell gemixte Creme, die es in sich hat. Wir sagen nur: Spinat und Avocado. Der grüne Mix versorgt dich mit Eisen, Vitaminen und gesunden Fetten.

ZUTATEN

- 450 g TK-Spinat
- 400 g Naturreis
- Salz
- 2 Knoblauchzehen
- 1 Avocado
- 1 EL Olivenöl
- frisch gepresster Saft von 1/2 Zitrone
- 5 Kirschtomaten
- Pfeffer
- Chilipulver

FÜR 4 PORTIONEN

1. Den Spinat auftauen lassen.

2. Den Reis mit der doppelten Menge Wasser und etwas Salz in einen Topf geben und zum Kochen bringen. Nach Packungsanweisung 35–40 Minuten köcheln lassen, bis er gar ist.

3. Während der Reis kocht, die Knoblauchzehen schälen und im Mixer fein hacken. Die Avocado schälen, den Stein entfernen und das Fruchtfleisch aus der Schale löffeln.

4. Avocadofruchtfleisch mit dem aufgetauten Spinat, Olivenöl, Zitronensaft und 1/2 TL Salz in den Mixer geben. Bei Bedarf 1–3 EL warmes Wasser zugeben und alles solange pürieren, bis eine cremige Sauce entsteht.

5. Die Creme auf den Reis geben und mit den geviertelten Cocktailtomaten garnieren. Mit Salz, Pfeffer und Chili würzen.

Nährwerte pro Portion

KCAL	FETT	KH	Z	PROT	BS
493	13 g	72 g	2 g	13 g	9 g

YVONNE
ZWISCHENMAHLZEIT

PULL-APART-BREAD

Wer sich diese geniale Zubereitungsmethode ausgedacht hat, hat sich das goldene Nudelholz verdient. Zugegeben, die Zubereitung ist recht aufwendig, aber wer sich traut, wird belohnt. Denn die Breads schmecken super lecker und sind toll saftig. Wir haben hier drei gesunde Fitness-Varianten auf die Beine gestellt.

ZUTATEN

FÜR 8 SCHEIBEN

TEIG

1 Tütchen Trockenhefe
200 g Dinkelmehl
1 Msp. Salz
2 EL Kokosöl

1. Die Trockenhefe in 3 EL lauwarmem Wasser auflösen.
2. Mehl und Salz in einer Schüssel vermengen. Das Kokosöl schmelzen, leicht abkühlen lassen, mit der aufgelösten Hefe hinzugeben und den Teig mit den Händen durchkneten.
3. Nach und nach so viel Wasser hinzufügen (etwa 100 ml), bis ein dicker, klebriger Teig entsteht. Teig abgedeckt 30 Minuten ruhen lassen.
4. Jeweilige Füllung vorbereiten und Ofen auf 180°C Ober-/Unterhitze (Umluft 160°C) vorheizen.
5. Teig ausrollen und in 8 Rechtecke teilen. Die Teigrechtecke mit der jeweiligen Füllung belegen.
6. Die belegten Rechtecke übereinanderstapeln und leicht andrücken. Den Stapel in eine Kastenform kippen, sodass die Rechtecke wie ein Brot in der Form liegen. 40 Minuten backen.

PULL-APART-BREAD

CHICKEN-BUFFALO

ZUTATEN | **FÜR 8 SCHEIBEN**

TEIG

400 g Hähnchenfilet
80 g Cheddar
2 Frühlingszwiebeln
Salz
Pfeffer

FÜR DIE MARINADE

100 ml Barbequesauce
100 ml Worcestersauce
50 ml Orangensaft
Cayennepfeffer
Paprikapulver
Gemüsebrühpulver

1 Ofen auf 180°C Ober-/Unterhitze (Umluft 160°C) vorheizen.

2 Hähnchenfilets in eine Auflaufform legen, die Form mit Alufolie abdecken, in den Ofen stellen und 10 Minuten backen.

3 In der Zwischenzeit alle Zutaten für die Marinade vermischen. Die Auflaufform kurz aus dem Ofen holen und die Marinade auf dem Hähnchen verteilen.

4 Hähnchen weitere 20 Minuten backen, dann wieder aus dem Ofen holen, mit zwei Gabeln entlang der Fasern in kleine Stücke zupfen, in der Marinade wenden und nochmal 10 Minuten im Ofen backen.

5 Den Cheddar reiben, die Frühlingszwiebeln waschen und in Ringe schneiden.

6 Auf jedes Teigrechteck eine Portion Hähnchenfleisch geben. Mit Frühlingszwiebeln und Cheddar bestreuen und mit Salz und Pfeffer würzen.

VARIANTE ABNEHMEN

Wer sich die Kohlenhydrate und Arbeit sparen will, der kann den ersten Teil dieses Rezepts einfach als alleinstehendes Chicken-Gericht zubereiten und das leckere Hähnchen in den Salat geben, gemeinsam mit Gemüse essen oder in ein Sandwich legen.

Nährwerte pro Scheibe

KCAL	245	FETT	7 g	KH	25 g	Z	3 g	PROT	17 g	BS	1 g

ERDNUSSBUTTER-HEIDELBEER

ZUTATEN

8 EL Erdnussbutter
4 TL Agavendicksaft
200 g Heidelbeeren

FÜR 8 SCHEIBEN

1 Auf jedes Teigrechteck 1 EL Erdnussbutter geben, 1/2 TL Agavendicksaft daraufstreichen und je 1 Portion Heidelbeeren darauf verteilen.

Nährwerte pro Scheibe

KCAL	210	FETT	9 g	KH	23 g	Z	6 g	PROT	6 g	BS	3 g

PARMESAN-KRÄUTER

ZUTATEN

200 g Parmesan
2 EL Olivenöl
10 g getrockneter Thymian
10 g getrockneter Rosmarin
10 g getrockneter Basilikum
Salz
Pfeffer

FÜR 8 SCHEIBEN

1 Parmesan reiben. Jedes Teigrechteck gut mit Olivenöl bestreichen, dann ordentlich Parmesan darüber streuen und mit den Kräutern, Salz und Pfeffer abrunden.

Nährwerte pro Scheibe

KCAL	251	FETT	14 g	KH	18 g	Z	0 g	PROT	12 g	BS	1 g

YVONNE
PRE-WORKOUT

MELONEN-BEEREN-SLUSH

Hier ist sie, die perfekte Sommererfrischung. Der Drink löscht deinen Durst auf fruchtig-leckere Art. Und weil Wassermelone und Beeren eine Menge Antioxidantien besitzen, tust du gleichzeitig noch deiner Gesundheit was Gutes.

ZUTATEN

FÜR 1 GLAS

100 g Wassermelone
100 g TK-Beerenmischung
1 TL Agavendicksaft

1 Die Melone in Stücke schneiden, Schale entfernen und Melonenstücke mit den gefrorenen Beeren und dem Agavendicksaft in einen Mixer geben.

2 Alles auf höchster Stufe miteinander vermengen und am besten sofort genießen!

TIPP

Auch wenn gerade keine Saison ist – in der Tiefkühltruhe findest du das ganze Jahr über Früchte und Beeren. Die sind genauso gut wie frische, denn sie werden reif geerntet und schonend eingefroren, sodass es kaum Vitaminverluste gibt.

Nährwerte pro Portion

KCAL	107	FETT	0 g	KH	21 g	Z	19 g	PROT	1 g	BS	4 g

YVONNE
HAUPTGERICHT

ERDNUSSBUTTER KUMPIR

Kumpir aus Süßkartoffeln wird genauso zubereitet wie mit unserer herkömmlichen Kartoffel. Der süßliche Geschmack der stärkereichen Süßkartoffel passt prima zu Erdnussbutter, Kokos und Banane – dieses Kumpir kannst du also auch als leckere Nachspeise genießen. Und noch was Gutes: Die Kohlenhydrate der Süßkartoffeln belasten deinen Insulinspiegel nicht so wie Kartoffeln.

ZUTATEN

1 TL Mandelblättchen
1 Süßkartoffel
1 TL Kokosraspel
1 TL Agavendicksaft
1 TL Erdnussbutter
1/2 Banane
Zimt

FÜR 1 PORTION

1 Den Backofen auf 200°C Ober-/Unterhitze (Umluft 180°C) vorheizen. Die Süßkartoffel gründlich waschen. Mit einer Gabel rundherum einstechen. Dann die Knolle in ein großes Stück Alufolie wickeln und 45 Minuten bis 1 Stunde im heißen Ofen backen.

2 In der Zwischenzeit die Mandeln wenige Minuten in einer beschichteten Pfanne ohne Fettzugabe bei mittlerer Hitze rösten, herausnehmen und in eine Schüssel geben. Dann die Kokosraspel in die Pfanne geben und mit dem Agavendicksaft kurz anrösten, bis sie anfangen zu duften.

3 Die Süßkartoffel der Länge nach aufschneiden und das Fruchtfleisch mit einer Gabel etwas auflockern. Die Erdnussbutter hineingeben und mit einer Gabel vorsichtig in das Fleisch der Süßkartoffel drücken. Die Banane in dünne Scheiben schneiden in die Scheiben darauf verteilen.

4 Die gerösteten Mandeln über die Süßkartoffel streuen, mit dem Zimt garnieren.

Nährwerte pro Portion

KCAL	544	FETT	16 g	KH	84 g	Z	34 g	PROT	12 g	BS	14 g

YVONNE
HAUPTGERICHT

GEBACKENE FALAFEL

Meistens kommen Falafel aus der Fritteuse oder aus der Pfanne und sind dann ein echt „fettes" Vergnügen. Du kannst Falafel aber auch im Ofen zubereiten, dann sparst du dir eine Menge Fett, kriegst sie aber auch lecker knusprig hin. So gönnst du dir unbeschwert pro Portion satte 22 g Eiweiß, denn sowohl Kichererbsen als auch Couscous sind prima Eiweißquellen.

ZUTATEN

1/2 Zwiebel
2–3 Knoblauchzehen
400 g gekochte Kichererbsen
20 ml frisch gepresster Zitronensaft
2 TL gemahlener Koriander
Salz
Pfeffer
2 EL Olivenöl
1 TL Backpulver
150 g gekochter Couscous
2–3 EL gehackte Petersilie

FÜR 14 STÜCK

1 Backofen auf 180°C Ober-/Unterhitze vorheizen. Zwiebel und Knoblauch schälen und fein würfeln. Beides mit Kichererbsen, Zitronensaft, Koriander, Salz, Pfeffer, Olivenöl und Backpulver im Mixer zu einer homogenen, glatten Masse verarbeiten.

2 Die Kichererbsenmasse in einer großen Schüssel mit gekochtem Couscous und gehackter Petersilie vermischen.

3 Jeweils 2 EL der Masse mit den Händen zu einer Kugel rollen und auf einem mit Backpapier ausgelegten Backblech platzieren. Im Ofen ca. 30 Minuten backen, bis die Falafel goldbraun und außen leicht knusprig sind.

TIPP

Serviere dazu den Klassiker zu Falafeln: Hummus. Das sind pürierte Kichererbsen mit Sesammus, Olivenöl und Zitronensaft. Damit steigerst du deine Eiweißzufuhr noch und tust dir mit vielen Mineralstoffen und Vitaminen Gutes.

Nährwerte pro Stück

KCAL	FETT	KH	Z	PROT	BS
96	2 g	12 g	0 g	3 g	3 g

YVONNE
HAUPTGERICHT

TEX-MEX-PASTA

Wenn dir mal wieder nach einer ordentlichen Ladung Kohlenhydrate ist, denkst du vielleicht erst mal an den Klassiker Pasta. Doch immer nur Nudeln mit Tomatensauce wird irgendwann langweilig. Dann probier es doch mit einer Art Tex-Mex-Pasta. Schmeckt ein bisschen wie ein Chili und hat mehr Eiweiß als mit stinknormaler Tomatensauce zu bieten.

ZUTATEN

250 g Pasta
Salz
2 Knoblauchzehen
1 TL Öl zum Braten
1 große rote Paprikaschote
200 ml Enchiladasauce
200 ml passierte Tomaten
150 g Kidneybohnen (Glas)
1 Msp. Chilipulver
1 Msp. Paprikapulver
1 Avocado zum Garnieren

FÜR 2 PORTIONEN

1. Die Pasta nach Packungsanweisung in Salzwasser al dente kochen.
2. In der Zwischenzeit den Knoblauch schälen und fein hacken. In einer tiefen Pfanne wenige Minuten in wenig Öl rösten. Paprika waschen, von Samen und Scheidewänden befreien und würfeln.
3. Paprika mit Enchiladasauce, passierten Tomaten, abgetropften Bohnen, Chili- sowie Paprikapulver und Salz in die Pfanne geben. Alles 5 Minuten köcheln lassen.
4. Die gekochten Nudeln hinzufügen und weitere 5 Minuten köcheln lassen.
5. Die Avocado schälen, Kern entfernen und das Fruchtfleisch in Spalten schneiden. Die Pasta damit garnieren.

VARIATION MUSKELAUFBAU

Es müssen nicht unbedingt die normalen Pasta aus Weizen sein. Wenn du dir mehr gutes Eiweiß gönnen willst, dann probier doch mal Linsennudeln aus. Die passen auch geschmacklich super dazu.

Nährwerte pro Portion

KCAL		FETT		KH		Z		PROT		BS	
KCAL	560	FETT	19 g	KH	67 g	Z	18 g	PROT	15 g	BS	26 g

YVONNE
HAUPTGERICHT

FLAMMKUCHEN

Für den beliebten Flammkuchen aus unserem ersten Buch haben wir uns ein paar neue Ideen für Toppings überlegt. Der Teig ist der gleiche – Vollkornmehl mit „langsamen“ Kohlenhydraten, die deinen Blutzuckerspiegel nicht so belasten und saure Sahne light als fettarme Basis. Du kannst deinen Flammkuchen natürlich auch mit ganz anderen guten Zutaten belegen, oder du belegst ihn halbe-halbe, dann musst du natürlich auch die Zutatenmengen für den Belag halbieren. Wie es so schön heißt: Der Fantasie sind keine Grenzen gesetzt. Unsere Vorschläge sind für jeweils ein Blech gedacht.

ZUTATEN

FÜR 1 BLECH

TEIG

100 g Vollkorn-Weizenmehl
1/2 TL Backpulver
1 TL Leinöl
80 g Magerquark
1 Becher saure Sahne light
Salz, Pfeffer

FÜR DEN KÜRBIS-ROSMARIN-BELAG

150 g Hokkaidokürbis
4 Rosmarinzweige

FÜR DEN RÄUCHERLACHS-DILL-BELAG

100 g Räucherlachs
1 kleine Zwiebel
1 Bund Dill

1 Den Backofen auf 200 °C Ober-/Unterhitze vorheizen (Umluft ist nicht geeignet).

2 Mehl und Backpulver in einer großen Schüssel vermischen. Öl und Magerquark hinzugeben und alles gut vermengen. Der Teig muss kompakt und gut ausrollbar sein. Mit Mehl und Wasser die gewünschte Konsistenz herstellen.

3 Ein Backblech mit Backpapier belegen und den Teig mit einem Nudelholz, einer Flasche oder einfach mit der Hand dünn ausrollen bzw. auslegen. Die saure Sahne gleichmäßig auf dem Teig verteilen.

4 Für den **Kürbis-Rosmarin-Belag** den Kürbis schälen, Kerne entfernen und das Fruchtfleisch in kleine Würfel schneiden. Die Rosmarinnadeln abzupfen und nach Wunsch grob hacken. Beides auf dem Teig verteilen.

5 Für den **Räucherlachs-Dill-Belag** den Lachs fein würfeln, die Zwiebel schälen und in schmale Ringe schneiden und den Dill grob hacken. Alles auf dem Teig verteilen.

6 Flammkuchen mit Salz und Pfeffer würzen und im vorgeheizten Backofen 20–30 Minuten backen, bis der Belag schön braun ist und es lecker duftet.

Nährwerte pro Blech Kürbis-Rosmarin

KCAL	732	FETT	28 g	KH	88 g	Z	18 g	PROT	31 g	BS	14 g

Nährwerte pro Blech Räucherlachs-Dill

KCAL	876	FETT	38 g	KH	76 g	Z	7 g	PROT	49 g	BS	13 g

YVONNE

ZWISCHENMAHLZEIT

SKYR KAISERSCHMARRN

Der aus Island stammende Skyr ist eigentlich ein Zwischending zwischen Quark und Joghurt: Vom Joghurt hat er die guten Milchsäuren, die ihn säuerlicher als Quark machen, sein Eiweißgehalt ist aber ähnlich wie der von Magerquark, also deutlich höher als der von Joghurt. Dazu hat er aber noch 40 Prozent mehr Kalzium als Magerquark zu bieten. Kein Wunder, dass er unter Fitnesssportlern längst kein Geheimtipp als Joghurtalternative mehr ist.

ZUTATEN

3 Eier
100 g Dinkelmehl
2 EL Haferflocken
1 TL Backpulver
30 g Rohrzucker
125 ml Mandeldrink
130 g Skyr (Natur)
1/2 TL Zimt
1 Prise Salz
1 TL Kokosöl
1 EL Kokosblütenzucker

FÜR 3 PORTIONEN

1 Ofen auf 180° C Ober-/Unterhitze (Umluft 160°C) vorheizen. Den Rost auf die zweite Schiene von unten schieben.

2 Eier trennen. Eiweiße in eine tiefe Schüssel geben und kühl stellen. Eigelbe mit Mehl, Haferflocken, Backpulver, Zucker, Mandeldrink, Skyr und Zimt mit dem Schneebesen oder dem Handrührgerät verquirlen.

3 Eiweiße mit Salz sehr steif schlagen und vorsichtig unter den Teig heben.

4 Kokosöl in einer ofenfeste Pfanne erhitzen, den Teig hineingeben und 3 Minuten stocken lassen. Dann die Pfanne 10–12 Minuten in den vorgeheizten Ofen stellen.

5 Pfanne aus dem Ofen nehmen und den Kaiserschmarrn mit einem Pfannenwender oder mit Messer und Gabel zerrupfen.

6 Kokosblütenzucker darüber streuen. Nochmals ca. 5 Minuten in den Ofen stellen und karamellisieren lassen.

7 Skyr-Kaiserschmarrn aus dem Ofen nehmen und am besten mit Früchten oder noch mehr Skyr servieren.

Nährwerte pro Portion

KCAL	315	FETT	8 g	KH	40 g	Z	12 g	PROT	17 g	BS	4 g

YVONNE
HAUPTGERICHT

MEAL-PREP-POTT

Mit Meal-Prep bekommt das Wort Fastfood eine ganz neue Bedeutung. Hier bereitest du zu Hause alles vor und schichtest es dekorativ in ein Glas. Wenn dein Magen knurrt, gießt du das Ganze entweder nur mit heißem Wasser auf und garst dein Gericht damit in wenigen Minuten, oder du mischt eine leckere Sauce darunter und hast einen frischen Salat. Und vergiss das Foto nicht!

KICHERERBSEN MAROKKANISCH

ZUTATEN

100 g Couscous
2 TL Gemüsebrühe
Salz
Pfeffer
1 kleine Möhre
1 Tomate
100 g gegarte Kichererbsen
2 EL fertige Tomatensauce
1/2 TL Harissa

FÜR 1 POTT

1. Zuerst den Couscous, die Gemüsebrühe, Salz und Pfeffer in ein hitzebeständiges verschließbares Glasgefäß füllen und gut vermischen.
2. Die Möhre schälen und raspeln, die Tomate waschen und fein würfeln. Beides mit allen weiteren Zutaten schichtweise einfüllen.
3. Vor dem Verzehr mit heißem (nicht mehr kochendem Wasser) übergießen und 10 Minuten ziehen lassen.

Nährwerte pro Pott

KCAL	461	FETT	3 g	KH	84 g	Z	4 g	PROT	16 g	BS	20 g

RAMENNUDEL-SESAM

ZUTATEN

50 g TK-Erbsen
75 g TK-Brokkoli
1/2 TL geriebener frischer Ingwer
2 TL Hühnerbrühpulver
2 TL Sojasauce
100 g Ramennudeln
1 EL Sesam
Pfeffer, Salz

FÜR 1 POTT

1. Erbsen und Brokkoli auftauen lassen.
2. Alle Zutaten in ein hitzebeständiges verschließbares Glasgefäß füllen. Vor dem Verzehr mit heißem (nicht mehr kochendem Wasser) übergießen und 10 Minuten ziehen lassen.

Nährwerte pro Pott

KCAL	317	FETT	11 g	KH	40 g	Z	3 g	PROT	12 g	BS	4 g

SALSA-BOHNEN

ZUTATEN

1/2 Avocado
2 Cherrytomaten
2 EL fettarmer Käse
50 g Mais
50 g Kidneybohnen
5 Gurkenscheiben
2 EL Salsasauce
2 EL fettarmer Joghurt

FÜR 1 POTT

1. Avocado schälen, Kern entfernen und das Fruchtfleisch in Spalten schneiden. Tomaten klein schneiden und Käse reiben.
2. Avocado, Tomaten, Mais, Bohnen und Gurken schichtweise in ein verschließbares Glas füllen.
3. Zum Anrichten Salsasauce und Joghurt darüber gießen und mit dem Käse bestreuen.

Nährwerte pro Pott

KCAL	FETT	KH	Z	PROT	BS
402	21 g	26 g	12 g	17 g	11 g

GRIESS

ZUTATEN

20 g getrocknete Datteln
50 g Grieß
2 EL Kokosmilch
2 EL gehackte Mandeln
2 TL Rohrzucker
1 Msp. Zimt

FÜR 1 POTT

1. Die Datteln hacken und mit allen Zutaten in ein hitzebeständiges, verschließbares Glas geben.
2. Vor dem Verzehr mit ca. 120 ml heißem Wasser (nicht mehr kochendem Wasser) übergießen und einige Minuten ziehen lassen, bis der Grieß weich ist.

Nährwerte pro Pott

KCAL	FETT	KH	Z	PROT	BS
433	16 g	60 g	23 g	10 g	8 g

YVONNE
ZWISCHENMAHLZEIT

MÖHREN-HOTDOGS

Nur weil die Form ungefähr hinhaut, haben wir die Wurst im Hotdog nicht durch eine Möhre ersetzt. Nein, der Geschmack erinnert durch die Marinade tatsächlich an Wurst! Probiert es mal aus. So können auch Vegetarier und Veganer einen leckeren Hotdog genießen und wenn ihr mögt, dann perfektioniert ihr die gesunde Fastfood-Variante noch mit Röstzwiebeln und Gurkenscheiben.

ZUTATEN

8 Möhren
2 EL Olivenöl
60 ml Gemüsebrühe
60 ml Apfelessig
2 EL Sojasauce
1 TL Agavendicksaft
1/2 TL Knoblauchpulver
1/2 TL Paprikapulver
8 Vollkornbrötchen
Senf
Ketchup

OPTIONAL

Röstzwiebeln
Saure-Gurken-Scheiben

FÜR 8 HOTDOGS

1. Den Ofen auf 220°C Ober-/Unterhitze (Umluft 200°C) vorheizen. Die Möhren schälen, die Enden abschneiden, Möhren auf ein mit Backpapier ausgelegtes tiefes Backblech legen und rundherum mit Olivenöl bestreichen.

2. In einer Schüssel Gemüsebrühe, Apfelessig, Sojasauce, Agavendicksaft, Knoblauch- und Paprikapulver vermischen und über die Möhren geben. Mit Alufolie abdecken und 30 Minuten marinieren.

3. Anschließend die Möhren abgedeckt 30 Minuten im Ofen backen, dann die Folie entfernen und weitere 20 Minuten backen (Grillfunktion anschalten).

4. Brötchen aufschneiden, die Möhren hineinlegen und Ketchup und Senf daraufgeben. Nach Wunsch mit Röstzwiebeln und den Saure-Gurken-Scheiben garnieren.

Nährwerte pro Hotdog

KCAL		FETT		KH		Z		PROT		BS	
KCAL	218	FETT	5 g	KH	32 g	Z	7 g	PROT	6 g	BS	3 g

REGINA

„SETZ DIR REALISTISCHE ZIELE UND BLEIB IHNEN TREU“

CARPE DIEM - UND HAB DEN MUT DAZU!

HI, ICH BIN REGINA HICKST, EINIGEN VON EUCH AUCH ALS HIXT BEKANNT. SO SCHREIBE ICH MICH JEDENFALLS AUF MEINEM YOUTUBE-KANAL, DEN ICH SEIT 2015 BETREIBE. EIGENTLICH SEHE ICH MICH ABER NICHT ALS KLASSISCHE YOUTUBERIN, SONDERN ALS KÜNSTLERIN, INFLUENCERIN UND SCHAUSPIELERIN.

Letzterer ist der Beruf, den ich erlernt habe, meine ganz große Leidenschaft. Mit meinen Videos will ich mich niemandem aufdrängen oder sagen, was er zu tun oder zu lassen hat. Ich sehe mich auch nicht als Vorbild und will vor allem nicht auf ein Podest gestellt werden.

Ich suche die Kommunikation, den echten, ehrlichen und ungeschminkten Austausch. Meine Videos sind meine Art mit meiner Umwelt zu interagieren.

DU HAST NUR EIN LEBEN, ALSO FOLGE DEINEN TRÄUMEN

Eigentlich war ich immer ein ganz normales Mädchen mit großen Träumen. Zuerst wollte ich Profilerin werden und den Kriminellen dieser Welt in die Köpfe gucken. Dann Meeresbiologin, später Archäologin – in diesem Job steckt so viel Wissen, so viel Kultur und Historie. Und außerdem kommt man viel rum in der Welt. Schließlich stand Tänzerin ganz oben auf meiner Traumberufsliste. Also durfte ich mit 13 zum Ballettunterricht. Mit 14 tanzte ich Hiphop, und mit 15 hatte ich meine erste eigene Tanzgruppe, die ich betreute und für die ich Choreographien entwickelte. Dann wollte ich Schauspielerin werden – stieß aber auf völlige Ablehnung in meinem Elternhaus. Trotzdem ging ich heimlich zum Casting einer Schauspielschule und wurde prompt angenommen. Das war der Wendepunkt in meinem Leben. Ich war damals 23, lebte so ein bisschen in den Tag hinein, tanzte, spielte Fußball und Basketball, arbeitete bei Peek und Cloppenburg. Aber ich wollte mehr! Ich erkannte, dass ich nur ein Leben habe – und dass ich meinen Träumen folgen muss. Ich erklärte meinen Eltern also, dass ich auf die Schauspielschule gehen würde. Komme, was wolle. Ich würde auch ausziehen und mich um mich selbst kümmern, wenn sie mich nicht unterstützen würden. Aber da hat meine Mutter natürlich eingelenkt. Ich lebte also weiterhin zu Hause, ging zur Schule, übte fleißig, doch dann kam der Absturz.

Im Frühjahr 2016 machte ich meinen Abschluss an der Schauspielschule. Bis dahin waren meine Tage vollgepackt gewesen mit Unterricht und Proben, ich lernte Texte, feilte an meiner Performance. Dann plötzlich, mit dem Ende der Ausbildung, von jetzt auf gleich: nichts mehr. Keine Aufgaben, keine Verpflichtungen, keine Termine und folglich keine Struktur. Zeitgleich machte ich mich selbständig, hatte aber keinen wirklichen Plan, was ich tun sollte. Ich war mit der Situation völlig überfordert und ließ mich von Ängsten und Zweifeln runterziehen, bis ich schließlich den Bezug zu mir selbst und meinem Körper komplett verlor. Ich hatte keine Motivation mehr, machte keinen Sport, ernährte mich nur von schnellem Fertigmist und verkroch mich immer mehr in einem traurigen Loch. Meine Muskeln verkümmerten total, ich hatte keine Kraft mehr – nicht einmal mehr zum Tanzen.

JEDER HAT SEINE MAKEL, ABER DIE REALITÄT LÄSST SICH NICHT RETUSCHIEREN

Da ich meinen YouTube-Kanal schon vor dem Ende meiner Schauspielausbildung ins Leben gerufen hatte, musste ich mich nun mit diesem Gefühl im Bauch vor eine Kamera stellen. Ich liebte das Produzieren und Schneiden von Videos, aber ich fühlte mich auch verloren zwischen all den anderen YouTubern. Ich war schon immer sehr perfektionistisch. Vermutlich steckten meine Ängste und Selbstzweifel dahinter. In keinem meiner Videos war ich ungeschminkt. Fotos, auf denen Cellulite oder Pickel zu sehen waren, retuschierte ich sorgfältig. Ich sah mir Bilder von anderen Influencern in tollen Häusern mit riesigen Pools und Meerblick an, schon morgens nach dem Aufstehen sahen sie wie Supermodels aus. Ich dachte immer: „So toll wirst du niemals sein. Das wirst du niemals erreichen können." Bis ich irgendwann erkannte: Nicht nur meine Bilder waren retuschiert beziehungsweise gefaked, sondern auch 90 Prozent der anderen. Social Media ist toll, es ist kunstvoll und ästhetisch, aber man darf es nicht zu nah an sich heranlassen, sondern muss realistisch bleiben. Mit YouTube, Instagram & Co. sieht man nicht die reale Welt. Die ist nämlich nicht perfekt. Und sie muss es auch gar nicht sein. Heute bin ich entspannter, habe keine Angst davor, mich so zu präsentieren, wie ich bin. Auch mit meinen Makeln. Aber der Weg dahin war nicht leicht.

FINDE JEMANDEN, DER DICH MOTIVIERT, WENN DU ES SELBST NICHT SCHAFFST

Ein knappes Jahr lang lebte ich mit meinen Ängsten, Zweifeln und der ständigen Unzufriedenheit mit mir selbst. Ich hatte zwar eine Managerin, aber meine Schauspielkarriere lag auf Eis. Wir sprachen oft darüber, und ich sagte, dass ich Menschen um mich bräuchte, um mich zu verändern. Menschen, die mich verstehen, mich motivieren und mir ein klares Ziel setzen, bei dem ich mich nicht noch mehr aus den Augen verliere – ich fühlte mich ja so schon verloren genug. Über meine Managerin entstand schließlich im Dezember 2016 der Kontakt zu einem Personal Trainer, der allein aufgrund seiner Vergangenheit als professioneller und erfolgreicher Tänzer von vornherein bei mir einen Stein im Brett hatte. Er suchte Teilnehmer für sein Trainings- und Ernährungs-Programm. Dabei wurde ein individuelles Workout erarbeitet und die Ernährung umgestellt. Vor allem Letzteres hatte einen direkten Einfluss auf mein Wohlbefinden. Ich merkte plötzlich, wie schwer es mir gefallen war, morgens aufzustehen und in die Gänge zu kommen, wenn ich am Vortag Junkfood gegessen hatte. Ich fühlte mich auf einmal leichter und energetischer. Es half mir, dass mir jemand vorlebte und vorgab, was ich zu tun hatte. Es ging auch alles gut, bis das Programm vorbei war. Dann verlor ich meine Motivation.

JE MEHR DRUCK MAN SICH MACHT, UMSO SCHWERER WIRD ES

Der Jojo-Effekt kam prompt: In den ersten Wochen nach dem Programm machte ich einfach gar nichts mehr. Ich habe mich in meiner Faulheit gesuhlt, auf dem Sofa gelegen, TV geguckt und Pizza gegessen. Es war eine Abwärtsspirale, beinahe so schlimm wie der Bruch nach der Schauspielschule. Auf der anderen Seite waren diese zwei, drei Monate auch gut. Mein Körper brauchte sie nach dem intensiven Programm offenbar. Ich mochte den Zustand zwar nicht, habe mir aber auch keinen Druck gemacht. Und das war gut so. Denn in dieser Zeit habe ich gelernt, dass man immer tiefer in seinem Loch versinkt, je mehr man sich stresst. Das heißt nicht, dass man sein Ziel aus den Augen verlieren sollte – nur manchmal braucht man etwas Zeit. Und so hatte ich nach ein paar Wochen einfach keine Lust mehr auf die Trägheit, die sich eingeschlichen hatte. Ich wollte die Dinge selbst in die Hand nehmen, das Gelernte für mich einsetzen und meine wiederentdeckte Leidenschaft für Bewegung und gesunde Ernährung ausleben.

BEGINNE DEN TAG MIT EINEM LACHEN, DANN KANN ER NUR GUT WERDEN

Ganz wichtig ist, dass Bewegung Spaß macht und Dich nicht unter Druck setzt. Mit dieser Einstellung fällt es mir auch leicht, am Ball zu bleiben, selbst in stressigen Zeiten. Die Aussicht Spaß zu haben motiviert mich. Deshalb beginne ich jeden Tag mit einem herzlichen Lachen. Das weckt die Endorphine, dann kann der Tag nur noch gut werden. Wenn mir morgens mal nicht nach Lachen zumute ist, gucke ich mir lustige Videos an, das hilft ziemlich gut. Eine weitere Motivation ist meine Mitbewohnerin. Sie ist superdiszipliniert, geht täglich zum Sport und ist dementsprechend immer gut drauf, fit und energiegeladen. Außerdem habe ich eine Freundin, die in New York zur Schauspielschule geht. Sie hat hart dafür gearbeitet, das spornt mich an, meine Ziele ebenfalls mit Nachdruck zu verfolgen. Sie sind meine tägliche Inspiration. Nächstes Jahr möchte ich für ein paar Monate nach Los Angeles gehen und mich dort im englischsprachigen Schauspiel versuchen. Ich liebe YouTube, aber die Schauspielerei fehlt mir.

Wenn ich nicht gerade an meiner Karriere arbeite, stehe ich leidenschaftlich gern in der Küche. Ich achte auf eine ausgewogene Ernährung und schränke mich nicht ein. Mal esse ich Fisch, dann Fleisch, dann aber auch mal Kohlenhydrate wie Kartoffeln oder Pasta. Die setzen zwar bei mir direkt an, gehören aber zu einer ausgewogenen Ernährung dazu. Das Maß ist entscheidend. Wenn ich merke, dass ich Zucker brauche, weil ich mich schwach fühle, dann esse ich eben was Süßes. Man muss auf seinen Körper hören und darf ihn nicht kasteien, das bringt kurzfristig zwar vielleicht Erfolge, ist aber langfristig nicht umsetzbar.

EURE SEELE IST GENAUSO WICHTIG WIE EUER KÖRPER UND GEIST

Habt Spaß am Leben! Gerade wir Frauen sind viel zu streng mit uns selbst. Ich jedenfalls kenne keine einzige, die nicht ständig irgendwas an sich auszusetzen hat. Es ist wichtig mit sich und seiner Umwelt im Reinen zu sein. Loslassen ist das Stichwort. Selbst, wenn es nur an einem Tag pro Woche ist. Bummeln, Wellness und Kochen mit Freunden tun der Seele gut, und die ist mindestens genauso wichtig wie Intellekt und Körper.

REGINA
HAUPTGERICHT

BROKKOLI-CASHEW-SUPPE

Wir lieben Brokkoli! Das grüne Supergemüse ist nicht nur lecker und vielseitig zuzubereiten, sondern hat auch so viele Vorteile für deine Gesundheit. Brokkoli enthält Vitamin C, viel knochenstärkendes Kalzium sowie Magnesium für Muskeln und Nerven. Und weil auch Cashews magnesiumreich sind, gleichst du mit dieser Suppe Magnesiumverluste durch den Sport wieder aus!

ZUTATEN

FÜR 6 PORTIONEN

500 g Zwiebeln
1 EL Kokosöl
1/2 TL Meersalz
4 Knoblauchzehen
1 kg Brokkoli
6 Tassen Gemüsebrühe
2 EL gehackte glatte Petersilie
Chiliflocken
1 EL frisch gepresster Zitronensaft

CASHEWCREME:

150 g Cashewkerne
1 1/4 TL Meersalz
2 Knoblauchzehen
1 EL frisch gepresster Zitronensaft

1. Die Cashewkerne für die Cashewcreme in einer Schüssel mit 200 ml Wasser bedecken. 1 TL Meersalz hinzufügen und 4 Stunden bei Zimmertemperatur quellen lassen.
2. Anschließend die gequollenen Cashewkerne mit allen übrigen Zutaten für die Cashewcreme im Mixer zu einer glatten Masse pürieren.
3. Zwiebeln für die Suppe schälen und fein würfeln. Das Kokosöl in einem großen Topf schmelzen, Zwiebeln und Salz zugeben und so lange garen, bis die Zwiebeln weich sind. Knoblauch schälen, fein hacken und mit den Chiliflocken hinzufügen.
4. Brokkoli waschen und in Röschen teilen, den Stiel schälen und kleinschneiden.
5. Die Zwiebeln mit der Gemüsebrühe ablöschen und aufkochen. Den Brokkoli zugeben und einige Minuten köcheln, sodass der Brokkoli noch bissfest ist.
6. Die Hälfte der Cashewcreme sowie die Hälfte der Petersilie dazugeben und alles mit einem Pürierstab pürieren. Mit Zitronensaft abschmecken.
7. Zum Servieren die Suppe in Schalen füllen und mit den Resten von Cashewcreme, Petersilie und Chiliflocken garnieren.

Nährwerte pro Portion

KCAL	FETT	KH	Z	PROT	BS
253	13 g	17 g	10 g	12 g	7 g

REGINA
SNACK

KOKOSWASSEREIS-POPSICLES

Im Sommer kann man ja auch wirklich nicht genug Eis im Haus haben. Diese Popsicles muss man eher zum Wasser- und nicht zum Milchspeiseeis zählen, denn sie basieren auf dem supergesunden Kokoswasser. Durch die isotonische Wirkung des Kokoswassers ist so ein Popsicle sogar ein idealer Genuss nach dem Sport, um deine Mineralstoffverluste wieder auszugleichen.

ERDBEER-MANGO-CHIA

ZUTATEN

300 g TK-Erdbeeren
300 g TK-Mangos
300 ml Kokoswasser
4 TL Chia-Samen
1 TL Agavendicksaft

FÜR 8 STÜCK

1 Alle Zutaten miteinander pürieren und bei Bedarf nachsüßen.

2 Die Masse in die Popsicles-Eisformen füllen und mindestens 5 Stunden, am besten über Nacht im Tiefkühler gefrieren lassen.

TIPP
Für einen Marmorlook Erdbeer- und Mangopüree getrennt mit je der Hälfte der restlichen Zutaten pürieren und abwechselnd in die Eisformen füllen.

Nährwerte pro Eis

KCAL	49	FETT	0 g	KH	8 g	Z	3 g	PROT	0 g	BS	1 g

KIWI-GURKE

ZUTATEN

4 Kiwis
2 EL Kokoswasser
2 TL Agavendicksaft
450 g Salatgurke

FÜR 8 EIS

1. Gurke schälen, längs halbieren und die Kerne mit einem Löffel herausschaben.
2. Kiwis schälen und mit Kokoswasser und Gurke im Mixer pürieren. Agavendicksaft hinzufügen und noch einmal gut vermengen.
3. Die Masse in die Popsicle-Eisformen füllen und mindestens 5 Stunden, am besten über Nacht im Tiefkühler gefrieren lassen.

Nährwerte pro Eis

KCAL		FETT		KH		Z		PROT		BS	
KCAL	39	FETT	0 g	KH	6 g	Z	6 g	PROT	0 g	BS	2 g

HEIDELBEERE-MINZE

ZUTATEN

250 g Heidelbeeren
350 ml Kokoswasser
2 EL Agavendicksaft
15 Minzblätter

FÜR 6 EIS

1. Heidelbeeren mit Kokoswasser und Agavendicksaft im Mixer pürieren.
2. Die Masse in die Popsicle-Eisformen füllen und die gewünschte Anzahl Minzblätter in die Eisformen platzieren.
3. Mindestens 5 Stunden, am besten über Nacht im Tiefkühler gefrieren lassen.

Nährwerte pro Eis

KCAL	44	FETT	0 g	KH	8 g	Z	8 g	PROT	0 g	BS	2 g

POST-WORKOUT-MILCHSPEISEN

Fitnessfreunde wissen es schon lange, alle anderen mal weiterlesen: Quark macht stark. Quark enthält nämlich hochwertige Eiweiße wie Casein, das zum Beispiel den Muskelabbau verhindert. Gleichzeitig unterstützen essentielle Aminosäuren beim Aufbau neuer Muskelzellen. Ebenfalls reich an Eiweiß und arm an Kalorien und Fett ist die isländische Milchspeise Skyr. Hier gibt es beide Milchspeisen als Post-Workout-Mahlzeit!

LIME-CHEESECAKE-SKYR

ZUTATEN

FÜR 2 PORTIONEN

300 g Skyr
100 g fettarmer Frischkäse
1 Limette
1 EL Limettenenabrieb

1 Saft der Limette mit den restlichen Zutaten vermengen und mit einem Handrührgerät zu einer Creme aufschlagen.

Nährwerte pro Portion

KCAL		FETT		KH		Z		PROT		BS	
KCAL	169	FETT	1 g	KH	14 g	Z	11 g	PROT	22 g	BS	2 g

ERDBEER-QUARK-CREME

ZUTATEN

FÜR 2 PORTIONEN

250 g Magerquark
100 g Körniger Frischkäse
1/2 Tasse Mandelmilch
2 Tassen TK-Erdbeeren

1 Alle Zutaten miteinander vermengen und mit einem Stabmixer zu einer Creme aufschlagen.

Nährwerte pro Portion

KCAL		FETT		KH		Z		PROT		BS	
KCAL	159	FETT	1 g	KH	12 g	Z	9 g	PROT	22 g	BS	0 g

REGINA
ZWISCHENMAHLZEIT

BRATKOHLRABI

Bratkartoffeln sind zwar eine superleckere Angelegenheit – wer mag nicht ein deftiges Bauernfrühstück? – aber manchmal sind sie einfach zu mächtig und gerade vor dem Sport liegen sie viel zu schwer im Magen. Dann probier doch mal Bratkohlrabi, die du wie ein Bauernfrühstück zubereitest. Sie sind Low-Carb, schmecken aber mindestens so gut.

ZUTATEN

FÜR 1 PORTION

- 1 Kohlrabi
- 1 Frühlingszwiebel
- 2 EL Olivenöl
- Salz
- Pfeffer
- 1 Handvoll Schnittlauch
- 50 g Schinkenwürfel

1. Kohlrabi schälen, vierteln und in mundgerechte Stücke schneiden. Frühlingszwiebel waschen und in Ringe schneiden.
2. 1 EL Olivenöl in einer Pfanne erhitzen und die Frühlingszwiebel darin dünsten. In der Zwischenzeit den Kohlrabi im restlichen Olivenöl wenden und mit Salz und Pfeffer würzen.
3. Kohlrabi zu den Frühlingszwiebeln geben, die Hitze etwas reduzieren und den Kohlrabi unter ständigem Rühren mit anbraten.
4. Schnittlauch in Röllchen schneiden (1 EL zurückbehalten) und mit dem Schinken in die Pfanne geben. Alles gut vermengen.
5. Bei Bedarf 1–2 EL Wasser hinzugeben, damit der Kohlrabi weich wird.
6. Mit Schnittlauch garnieren.

Nährwerte pro Portion

KCAL	280	FETT	11 g	KH	18 g	Z	15 g	PROT	21 g	BS	7 g

REGINA
ZWISCHENMAHLZEIT

BAKED OATMEAL

Porridge und Overnight Oats sind längst kein Geheimtipp mehr – „Baked Oatmeals" heißt der nächste Frühstücks-Hit aus den USA. Die Zutaten hast du schnell in der Auflaufform zusammengestellt, dann brauchen die süßen Aufläufe aber noch eine Zeit im Ofen. Deshalb sind sie für ein schnelles Alltagsfrühstück nicht so geeignet, sondern eher als vorbereitete Zwischenmahlzeit für einen stressigen Tag oder ein Highlight für dein Sonntagsfrühstück.

SÜSSKARTOFFEL-CASHEW

ZUTATEN

- 230 g Süßkartoffeln
- Salz
- 180 ml Mandeldrink
- 2 Eier
- 4 EL Agavendicksaft
- 180 g Haferflocken
- 50 g Cashewkerne
- 2 TL Zimt
- 1/2 TL geriebener Muskat

FÜR 1 AUFLAUFFORM ODER 8 MUFFINS

1. Den Ofen auf 180°C Ober-/Unterhitze (Umluft 160°C) vorheizen.
2. Die Süßkartoffeln schälen, in Salzwasser kochen und anschließend pürieren.
3. Süßkartoffeln, Mandeldrink, Eier und Agavendicksaft verrühren. Dann Haferflocken, Cashewkerne, Zimt und Muskat hinzufügen und miteinander vermengen.
4. Die Masse kann in einer Auflaufform oder in Muffinformen gebacken werden.
5. 20–25 Minuten backen und vor dem Verzehr kurz auskühlen lassen.

Nährwerte pro Muffin

KCAL	FETT	KH	Z	PROT	BS
200	5 g	28 g	9 g	6 g	3 g

ZITRONE-MOHN

ZUTATEN

80 g Haferflocken
1 gestrichener TL Backpulver
2 EL Mohn
4 EL abgeriebene Schale von 1 Zitrone
1 reife Banane
1 TL frisch gepresster Zitronensaft
2 TL Agavendicksaft
150 ml Mandeldrink

FÜR 1 AUFLAUFFORM

1. Den Backofen auf 180°C Ober-/Unterhitze (Umluft 160°C) vorheizen.
2. Haferflocken mit Backpulver, Mohn und abgeriebener Zitronenschale vermengen.
3. Banane schälen und mit Zitronensaft, Agavendicksaft und Mandeldrink verrühren. Anschließend mit der Haferflockenmischung verrühren.
4. In eine backofenfeste Form geben und 25 Minuten backen.

Nährwerte pro Auflaufform

KCAL	622	FETT	20 g	KH	81 g	Z	30 g	PROT	20 g	BS	17 g

MANDELMUS-BANANE

ZUTATEN

2 Bananen
4 EL Mandelmus
4 EL Agavendicksaft
180 ml Mandeldrink
1 Ei
150 g Haferflocken
1 TL Backpulver
1 TL Zimt

FÜR 1 GROSSE AUFLAUFFORM ODER CA. 8 MUFFINS

1. Den Ofen auf 180°C Ober-/Unterhitze vorheizen.
2. Bananen schälen und mit Mandelmus, Agavendicksaft, Mandeldrink und Ei vermengen. Haferflocken, Backpulver und Zimt hinzufügen.
3. Die Masse kann in einer Auflaufform oder in Muffinformen gebacken werden.
4. Die Masse in eine backofenfeste Form geben, ca. 25 Minuten backen und vor dem Verzehr kurz auskühlen lassen.

Nährwerte pro Muffin

KCAL	195	FETT	6 g	KH	25 g	Z	12 g	PROT	5 g	BS	3 g

REGINA
ZWISCHENMAHLZEIT

MANGO-THUNFISCH-SALAT

Thunfisch gehört zu den Fischarten mit einem besonders hohen Anteil an den wichtigen Omega-3-Fettsäuren – die schützen nicht nur dein Herz und deine Gefäße, sondern wirken auch gegen Entzündungen, Infektionen und schmieren deine Gelenke. Außerdem beinhaltet Thunfisch Jod, das freut deine Schilddrüse, und Eiweiß bringt er selbstverständlich auch mit. Auch Mangos schützen dein Immunsystem – mit besonders viel Beta-Carotin, B-Vitaminen und Folsäure.
Lass es dir schmecken.

ZUTATEN

150 g Feldsalat
1 Mango
1/2 Avocado
1 Handvoll frische Minze
1 Dose Thunfisch im eigenen Saft
1 EL Zitronensaft
Salz
Pfeffer

FÜR 2 PORTIONEN

1 Den Feldsalat in einzelne Blättchen zupfen, waschen und eine Schüssel damit auslegen.

2 Mango und Avocado schälen und in kleine Stücke schneiden. Minzeblättchen abzupfen und waschen. Mango, Minze, Thunfisch und Zitronensaft vermischen.

3 Alles auf die Salatblätter geben und mit Salz und Pfeffer nach Belieben würzen.

Nährwerte pro Portion

KCAL	231	FETT	7 g	KH	14 g	Z	13 g	PROT	21 g	BS	5 g

REGINA
HAUPTGERICHT

HÄHNCHEN MIT ZIEGENKÄSE-BIRNEN-FÜLLUNG

Hier mal eine wirklich raffinierte Hähnchenvariation, die dich das ewige Hähnchen mit Reis vergessen lässt. Mit der Süße durch Birne und Honig und der deftigen Würze vom Ziegenkäse entdeckst du Hähnchen ganz neu und wir würden uns nicht wundern, wenn du hier dein neues Lieblingsgericht findest.

ZUTATEN

FÜR 1 PORTION

- 1 Hähnchenbrustfilet (ca. 200 g)
- 1/4 Birne
- 20 g Ziegenkäse
- 1 TL flüssiger Honig
- 1/2 TL Salz TL Pfeffer
- 1 TL Olivenöl
- 1 Thymianzweig

1. Den Backofen auf 220°C Ober-/Unterhitze (Umluft 160°C) vorheizen. Das Hähnchenbrustfilet mit einem scharfen Messer vorsichtig an einer Seite ein- aber nicht ganz durchschneiden.
2. Die Birne vom Kerngehäuse befreien, schälen und in hauchdünne Scheiben schneiden, den Ziegenkäse ebenfalls.
3. Die obere Hälfte des Filets vorsichtig nach oben klappen und die Birnen- und Ziegenkäsescheiben hineinlegen.
4. Wenn nichts mehr hineinpasst, den Thymian kleinzupfen und ebenfalls in das Hähnchen schieben. Dann das Hähnchen mit Honig bestreichen, mit Olivenöl beträufeln und mit Salz und Pfeffer würzen.
5. Das Hähnchen in eine Auflaufform legen, mit Alufolie bedecken und 20 Minuten im Ofen backen. Dann die Alufolie abnehmen und weitere 10 Minuten backen.

TIPP

Zu dem Hähnchen passen Süßkartoffeln wunderbar. Die kannst du einfach in grobe Scheiben schneiden und neben dem Hähnchen in der Auflaufform im Ofen mitbacken.

Nährwerte pro Portion

KCAL	FETT	KH	Z	PROT	BS
358	13 g	10 g	7 g	50 g	1 g

REGINA
ZWISCHENMAHLZEIT

GEFÜLLTE CHAMPIGNONS

Gefüllte Champignons sind ein tolles Fingerfood, das genauso gut auf eine Party wie auf den heimischen Esstisch passt. Aber vielleicht möchtest du die leckeren Häppchen aus dem Ofen mit niemandem teilen. Auch okay, denn du tust dir Gutes damit. Die Pilze sind sehr kalorienarm und besitzen einen blutdrucksenkenden Wirkstoff. Genieße die gefüllten Hüte warm oder kalt, als Snack zwischendurch oder als Beilage zum Steak.

ZUTATEN

FÜR 8 PILZE

8 Champignons

1 Ofen auf 200°C Ober-/Unterhitze (180°C Umluft) vorheizen.

2 Die Champignons waschen und den Stiel herausbrechen. Nach Bedarf etwas von den Hutlamellen mit einem Löffel herauskratzen.

3 Mit der jeweiligen Füllung füllen und ca. 20 Minuten backen.

SPINATFÜLLUNG

ZUTATEN

FÜR 8 PILZE

150 g TK-Spinat
1 Knoblauchzehe
100 g saure Sahne
100 g körniger Frischkäse
Salz
Pfeffer
50 g Parmesan

1 Den Spinat auftauen und abtropfen lassen. Den Knoblauch schälen und zerdrücken. Beides mit saurer Sahne, Frischkäse, Salz und Pfeffer gut vermischen. In die Champignons füllen.

2 Den Parmesan reiben und auf die Pilze streuen.

Nährwerte pro Pilz

KCAL	FETT	KH	Z	PROT	BS
56	3 g	1 g	0 g	5 g	0 g

HACKFLEISCHFÜLLUNG

ZUTATEN

FÜR 8 PILZE

1/2 Zwiebel
1/2 Knoblauchzehe
1 Tomate
150 g Hackfleisch (halb und halb)
200 g passierte Tomaten
Oregano
Salz
Pfeffer

1. Zwiebel und Knoblauch schälen und fein hacken. Die Tomate waschen und kleinschneiden.
2. Das Hackfleisch ohne zusätzliches Fett mit Zwiebel, Knoblauch und der frischen Tomate scharf anbraten.
3. Dann mit den passierten Tomaten ablöschen und mit den Gewürzen abschmecken.

Nährwerte pro Pilz

KCAL	51	FETT	2 g	KH	1 g	Z	1 g	PROT	4 g	BS	0 g

FETA-OLIVEN-FÜLLUNG

ZUTATEN

FÜR 8 PILZE

1/2 Zwiebel
1/2 Knoblauchzehe
5 Cherrytomaten
150 g Feta
5 schwarze Oliven ohne Stein
1/2 TL Oregano
1/2 TL Thymian
frische Petersilie
Salz

1. Zwiebel und Knoblauch schälen und Tomaten waschen.
2. Zwiebel, Feta, Tomaten und Oliven klein schneiden, den Knoblauch durchdrücken.
3. Alles mit den Kräutern in einer Schüssel gut vermischen, mit Salz abschmecken.

TIPP

Auch wenn viele Kochbücher das Gegenteil behaupten: Champignons schadet es überhaupt nicht, wenn sie mit Wasser in Berührung kommen. Manche andere Pilzsorten werden allerdings wässrig und matschig durchs Waschen, deshalb bürstet man sie besser vorsichtig ab.

Nährwerte pro Pilz

KCAL	57	FETT	4 g	KH	1 g	Z	0 g	PROT	3 g	BS	0 g

REGINA
HAUPTGERICHT

EIERSALAT

Wir haben den guten alten Eiersalat aus Omas Küche für dich fit gemacht, indem wir die Mayo durch leichten Joghurt ersetzt und dem Ganzen mit knackigen Radischen und Sellerie eine frischere Note verpasst haben. Übrigens: Keine Angst vor dem Eigelb! Es enthält zwar Cholesterin, aber heute weiß man, dass es den Cholesterinspiegel nicht negativ beeinflusst, im Gegenteil. Auch das enthaltene Lecithin wirkt sich positiv auf den Cholesterinspiegel aus, darüber hinaus besitzen Eier gute Omega-3-Fettsäuren.

ZUTATEN

FÜR 1 PORTION

- 2 Eier
- 1 Stangensellerie
- 2 Radieschen
- 1 EL Joghurt
- 1/2 TL Senf
- Salz
- Pfeffer
- Schnittlauch zum Garnieren

1. Die Eier etwa 8 Minuten kochen, abschrecken, abkühlen lassen, pellen und in kleine Würfel schneiden.
2. Sellerie und Radieschen waschen und ebenfalls in kleine Würfel schneiden. Mit den Eiern in eine Schüssel geben und alles gründlich mit Joghurt und Senf verrühren.
3. Mit Salz und Pfeffer abschmecken und mit Schnittlauch garnieren.

TIPP

Dieser Salat kann auch wunderbar als Meal-Prep für 2–3 vorbereitete Mahlzeiten dienen und ist somit eine super Mahlzeit für vielbeschäftigte Athleten in der Aufbauphase.

Nährwerte pro Portion

KCAL	FETT	KH	Z	PROT	BS
210	13 g	4 g	2 g	17 g	1 g

REGINA
HAUPTGERICHT

CHEESY ENCHILADA

Normalerweise werden Enchiladas mit Tortillas zubereitet, auf die wir hier aber zugunsten von Quinoa verzichtet. Das Pseudogetreide, das nicht zu den echten Getreiden gehört, hat viel mehr Protein, mehr Vitamine, Mineralstoffe und sekundäre Pflanzenstoffe als Weizen oder Mais, aus denen Tortillas bestehen. Die geniale Kombi aus Gemüsemais und Bohnen in der Füllung liefert dir ein besonders hochwertiges Eiweiß, dazu kommt noch das Protein aus zwei Käsesorten – mehr gutes Eiweiß geht kaum!

ZUTATEN

170 g Quinoa
1 Packung Mozzarella
75 g Parmesan
70 g Mais
70 g Kidneybohnen
200 ml Salsasauce
3 EL Tomatenmark
2–3 EL gehackter Koriander
Pfeffer
Salz
Oregano
Chilipulver
Fett für die Form

FÜR 4 PORTIONEN

1 Quinoa nach Packungsanleitung kochen und den Backofen auf 190°C Ober-/Unterhitze (Umluft 170°C) vorheizen.

2 Mozzarella würfeln und Parmesan reiben.

3 Quinoa, Mais, Bohnen, Sauce, Tomatenmark und den gehackten Koriander mit der Hälfte des Mozzarellas und der Hälfte des Parmesans vermengen.

4 Alles mit Pfeffer, Salz, Oregano und Chilipulver gut würzen und in eine gefettete Form geben.

5 Den restlichen Mozzarella und Parmesan darüberstreuen.

6 15–20 Minuten backen, bis eine goldene Käsekruste entstanden ist.

Nährwerte pro Portion

KCAL	405	FETT	13 g	KH	46 g	Z	16 g	PROT	21 g	BS	5 g

REGINA
ZWISCHENMAHLZEIT

SOMMERROLLEN

Solche Exoten wie Reispapier findet man heutzutage in fast allen gut sortierten hiesigen Supermärkten. Das ist toll, denn aus den durchsichtigen Fladen lassen sich die besten und frischesten Gemüsehappen drehen, die man sich vorstellen kann. Und einfacher geht es auch kaum noch. Deswegen haben wir hier gleich drei Variationen für euch, damit ihr euch richtig austoben könnt.

MIT GEMÜSE

ZUTATEN

FÜR 5 ROLLEN

1 Möhre
1 Avocado
5 Radieschen
1 Frühlingszwiebel
1/2 Bio-Salatgurke
100 g Kopfsalat
5 Reispapierblätter

1 Möhre schälen. Avocado halbieren und Schale und Kern entfernen. Radieschen, Frühlingszwiebel, Gurke und Salat waschen.

2 Alles in schmale, längliche Stücke bzw. Ringe schneiden und auf einem Teller bereit halten.

3 Einen großen, flachen Teller mit lauwarmem Wasser füllen und jedes Reisblatt einzeln ungefähr 20 Sekunden in das warme Wasser legen, bis es weich und dehnbar wird.

4 Reisblätter mit den vorbereiteten Zutaten nach Lust und Laune belegen und zusammenrollen. Dafür das Reisblatt zuerst nur zur Hälfte einrollen, dann die Seiten nach innen schlagen und erst dann komplett zusammenrollen.

DIPP-TIPP
1 EL Erdnussbutter, 1 EL frisch gepressten Zitronensaft und 1 EL Sojasauce cremig rühren. Entweder die Sommerrollen hineindippen oder mit dem Dipp bestreichen.

Nährwerte pro Rolle

KCAL	FETT	KH	Z	PROT	BS
216	12 g	18 g	6 g	3 g	7 g

SOMMERROLLEN

MIT GARNELEN

ZUTATEN

80 g Glasnudeln
1/2 Avocado
1 Frühlingszwiebel
1/2 Bio-Salatgurke
einige Salatblätter
1 Möhre
1 Handvoll grüne Minze
15 Garnelen
Salz
Pfeffer
1 TL Öl zum Braten
1 Handvoll Korianderblättchen
5 Reispapierblätter

FÜR 5 ROLLEN

1. Die Glasnudeln mit kochendem Wasser übergießen und einige Minuten ziehen lassen.

2. In der Zwischenzeit Avocado halbieren und Schale sowie Kern entfernen. Frülingszwiebel, Gurke und Salatblätter waschen. Möhre schälen.

3. Avocado, Gurke, Salat und Möhre in Streifen und Frühlingszwiebel in Ringe schneiden. Minze hacken.

4. Garnelen mit Salz und Pfeffer würzen und kurz in etwas Öl einer Pfanne beidseitig anbraten, bis sie die glasige Optik verlieren und rosa werden.

5. Einen großen, flachen Teller mit lauwarmem Wasser füllen und jedes Reisblatt einzeln ungefähr 20 Sekunden in das warme Wasser legen, bis es weich und dehnbar wird.

6. Reisblätter mit allen Zutaten belegen und zusammenrollen. Dafür das Reisblatt zuerst nur zur Hälfte einrollen, dann die Seiten nach innen schlagen und erst dann komplett zusammenrollen.

DIPP-TIPP

2 EL Sojasauce mit ein wenig Reisessig und 1/2 durchgepressten Knoblauchzehe verrühren. Wer's schärfer mag, fügt noch ein wenig Sambal Oelek zu.

Nährwerte pro Rolle

KCAL	158	FETT	4 g	KH	23 g	Z	0 g	PROT	5 g	BS	1 g

SOMMERROLLEN

MIT RIND

ZUTATEN

FÜR 5 ROLLEN

- 100 g Rinderfilet
- Salz
- Pfeffer
- 1 TL Öl zum Braten
- 1/2 rote Paprikaschote
- 1/2 gelbe Paprikaschote
- einige Salatblätter
- 1 Handvoll Korianderblättchen
- 5 Reispapierblätter

1 Rinderfilet in sehr schmale Streifen schneiden, mit Salz und Pfeffer würzen und in einer Pfanne in etwas Öl scharf anbraten.

2 Möhre schälen, Paprika waschen und von Samen und Scheidewänden befreien, Salat waschen. Alles in schmale Streifen schneiden.

3 Einen großen, flachen Teller mit lauwarmem Wasser füllen und jedes Reisblatt einzeln ungefähr 20 Sekunden in das warme Wasser legen, bis es weich und dehnbar wird.

4 Reisblätter mit allen Zutaten belegen und zusammenrollen. Dafür zuerst nur zur Hälfte einrollen, dann die Seiten nach innen schlagen und dann komplett zusammenrollen.

DIPP-TIPP

Für einen süß-sauren Dipp verquirlt ihr 4 EL Wasser, 1 EL Rohrzucker, 1 EL Sojasauce, 1 EL Essig, 1 EL Ketchup und 1 TL Mehl.

Nährwerte pro Rolle

KCAL	102	FETT	1 g	KH	14 g	Z	3 g	PROT	5 g	BS	1 g

REGINA
SNACK

NACHO CHEESE SAUCE

Welcher Film im Kino läuft, ist dir egal, Hauptsache es gibt diese Nachos mit dem unglaublichen Dipp? In Zukunft kannst du dir schlechte Filme sparen, denn diese Sauce schmeckt tatsächlich wie der Dipp aus dem Kino! Und das beste daran: Du sparst dir auch seltsame Zusatzstoffe, die kein Mensch aussprechen kann. In deiner Nachosauce sind nur gute Zutaten und vegan ist sie auch noch. Mach dir dazu ganz einfach noch schnell die „Easy Tortillachips" und dann: „Film ab!"

ZUTATEN

500 g TK-Blumenkohl
150 g TK-Babymöhren
75 g Cashewkerne
1/2 TL Knoblauchpulver
1/2 TL Salz
1/2 TL Pfeffer
1 TL Senf
1 Msp. Oregano
1 Msp. Paprikapulver
1 Msp. Chilipulver
200 ml Mandeldrink

FÜR 1 SCHALE

1 Blumenkohl, Möhren und Cashewkerne in einem Topf mit Wasser bedecken und zum Kochen bringen. Bissfest kochen und vom Herd nehmen.

2 Gemüse und Cashewkerne mit den Gewürzen im Mixer pürieren. Soviel Mandeldrink hinzufügen, bis die gewünschte Konsistenz erreicht und die Masse cremig ist.

3 Im Kühlschrank aufbewahren (wenn noch was übrig ist).

Nährwerte pro Schale

KCAL	FETT	KH	Z	PROT	BS
699	39 g	47 g	21 g	31 g	25 g

EASY TORTILLACHIPS

ZUTATEN

3 Tortilla-Weizenfladen (130 g)
1 EL Olivenöl
1 TL Salz

FÜR 1 PORTION

1 Den Ofen auf 180°C Ober-/Unterhitze (Umluft 150°C) vorheizen. Die Weizenfladen achteln und von beiden Seiten mit Olivenöl bestreichen.

2 Auf ein mit Backpapier ausgelegtes Backblech legen und mit Salz bestreuen.

3 Ungefähr 10 Minuten bis zum gewünschten Bräunungsgrad backen. Vor dem Verzehr auskühlen lassen.

Nährwerte pro Portion

KCAL	FETT	KH	Z	PROT	BS
508	23 g	60 g	0 g	12 g	0 g

REGINA
HAUPTGERICHT

CHICKEN STIR FRY

Hühnerbrust ist immer für einen Eiweißkick gut. Hier wird sie kurz in der Pfanne gebraten und kriegt mit Gemüse noch einen Extra-Vitamin- und Mineralsschub versetzt. Die würzige Sauce zum Schluss macht dieses Gericht zu einem Genuss. Serviere für deinen Kohlenhydrathaushalt Basmatireis dazu, er hat einen etwas besseren glykämischen Index als normaler Langkornreis.

ZUTATEN

FÜR 4 PORTIONEN

- 250 ml Hühnerbrühe
- 2 EL Honig
- 2 EL Sesamöl
- 50 ml Sojasauce
- 2 Knoblauchzehen
- 500 g Hühnerbrustfilet
- 300 g Brokkoli
- 1 Zwiebel
- 1 Stange Lauch

1. Für die Sauce Hühnerbrühe, Honig, 1 EL Sesamöl sowie die Sojasauce in eine Schüssel geben, den Knoblauch schälen und durch die Presse hineindrücken.

2. Restliches Sesamöl in einem Wok bei mittlerer Hitze erwärmen, das Fleisch in den Wok geben und von allen Seiten gut anbraten. In der Zwischenzeit den Brokkoli waschen und in Röschen teilen. Den Stiel schälen und würfeln. Zwiebel schälen und grob würfeln. Lauch waschen und in Ringe schneiden.

3. Nachdem das Fleisch gut angebraten ist, Brokkoli, Zwiebel und die Lauchringe dazugeben.Alles bei mittlerer Hitze 5–7 Minuten dünsten.

4. Dann die vorbereitete Sauce dazugeben und einige Minuten weiterköcheln lassen, bis der Brokkoli bissfest gegart und die Sauce leicht eingedickt ist.

Nährwerte pro Portion

KCAL	299	FETT	9 g	KH	11 g	Z	10 g	PROT	35 g	BS	4 g

REGINA
HAUPTGERICHT

THUNFISCH-FRIKADELLEN

17 g Protein, 3 g Fett und 3 g Kohlenhydrate in einer einzigen Frikadelle – mehr muss man hier eigentlich gar nicht sagen. Oder doch: Wir sollten noch erwähnen, dass das Fett aus guten Omega-3-Fettsäuren besteht. Denn davon hat Thunfisch eine Menge.
Lass es dir schmecken!

ZUTATEN

1 Frühlingszwiebel
300 g Thunfisch im eigenen Saft
2 EL Haferflocken
1 Ei
1/2 TL Sambal Oelek
Salz
1 EL Olivenöl

FÜR 5 FRIKADELLEN

1 Frühlingszwiebel in sehr feine Stücke schneiden. Den Thunfisch abtropfen lassen.

2 Alle Zutaten bis auf das Öl in eine Rührschüssel geben und gut miteinander vermengen.

3 Olivenöl in einer Pfanne bei mittlerer Hitze erhitzen. Aus der Masse mit den Händen fünf Frikadellen formen und in die Pfanne geben.

4 Einige Minuten von beiden Seiten goldbraun braten.

Nährwerte pro Frikadelle

KCAL	117	FETT	3 g	KH	3 g	Z	0 g	PROT	17 g	BS	0 g

REGINA
HAUPTGERICHT

RAMENNUDELSALAT

Ramen sind Instant-Nudeln, die du für diesen Salat gar nicht kochen musst. Du gibst sie roh in den Salat und lässt sie dann einfach mit dem Dressing durchziehen. Eine echt clevere und einfache Art, oder?

ZUTATEN

300 g Weißkohl
200 g Rotkohl
100 g Möhren
1/2 rote Paprikaschote
1 Frühlingszwiebel
100 g Bohnensprossen
10 Cashewkerne
100 g Ramen-Nudeln aus einer Instant-Nudel-Packung

DRESSING:

2 EL Sonnenblumenöl
1 EL Essig
1 EL Agavendicksaft (oder Honig)
3 EL Sojasauce

FÜR 4 PORTIONEN

1. Weiß- und Rotkohl waschen und in feine Streifen schneiden. Möhren gründlich waschen und fein reiben. Paprika putzen, waschen und in schmale Streifen schneiden. Frühlingszwiebel waschen und in schmale Ringe schneiden. Mit Bohnensprossen und Cashewkernen in einer großen Schüssel vermengen.

2. Die ungekochten Ramen-Nudeln mit in die Schüssel geben. Das Dressing anrühren und über den Salat geben.

3. Vor dem Servieren ca. 2 Stunden im Kühlschrank ziehen lassen.

VARIANTE LOW-CARB

Wer Kohlenhydrate sparen will, kann den Salat auch ganz ohne die Nudeln zubereiten und hat einen leckeren Rohkostsalat.

Nährwerte pro Portion

KCAL	FETT	KH	Z	PROT	BS
216	10 g	21 g	10 g	6 g	5 g

REGINA
ZWISCHENMAHLZEIT

MATCHA-HUMMUS

Hummus gehört vielleicht schon zu deinen Leibspeisen, denn er schmeckt nicht nur klasse als Dipp oder Aufstrich, sondern ist auch reich an guten Eiweißen und Fetten. Wenn du, wie hier, noch Matchapulver zugibst, dann hast du einen super Wachmacher, der dich auch nach einem anstrengenden Workout wieder auf die Beine bringt.

ZUTATEN

265 g gegarte Kichererbsen (1 Dose)
3 EL Tahin
1 Knoblauchzehe
frisch gepresster Saft von 1 Limette
1/2 TL Salz
1/4 TL gemahlener Kreuzkümmel
2 EL Olivenöl
1 1/2 TL Matchapulver

FÜR 1 PORTION

1 Alle Zutaten mit 1/4 Tasse warmem Wasser im Mixer zu einer homogenen Masse mixen.

2 Wer möchte, kann zum Anrichten noch ein wenig Extra-Olivenöl und Matcha auf den Hummus geben.

Nährwerte pro Portion

KCAL	694	FETT	47 g	KH	39 g	Z	9 g	PROT	20 g	BS	0 g

KIWI-MINZ-LIMO

Diese Limo-Rezepte sind wie eine frische Brise für heiße Sommertage oder einen rotnasigen Herbstmorgen. Kiwi, Limette und Zitrone bringen deinen Vitaminhaushalt in Höchstform, und die Minze mit der fruchtigen Süße aus dem Kokosblütenzucker und das aromatische Basilikum, wecken deine Geschmacksknospen so richtig auf. Ausprobieren und weitererzählen.

ZUTATEN

2 Zitronen
6 Kiwis
200 ml Eiswürfel (oder Wasser)
1 handvoll frische Pfefferminze
20 g Kokosblütenzucker
1 Glas kohlensäurehaltiges Wasser

FÜR 2 GLÄSER

1. Zitronen auspressen. Kiwis schälen und in einer Küchenmaschine pürieren. Zitronensaft, Eis, Pfefferminze und Zucker hinzufügen und so lange mixen, bis sich der Zucker komplett aufgelöst hat.
2. Sprudel hinzufügen, in Gläser abfüllen, noch ein paar Minzeblätter zupfen und den Smoothie garnieren.

Nährwerte pro Glas

KCAL		FETT		KH		Z		PROT		BS	
KCAL	225	FETT	1 g	KH	35 g	Z	34 g	PROT	3 g	BS	10 g

LIMETTEN-BASILIKUM-LIMO

ZUTATEN

4 Limetten
10 Basilikumblätter plus einige zum Garnieren
20 g Kokosblütenzucker
200 ml Eiswürfel (oder Wasser)
1 Glas kohlensäurehaltiges Wasser

FÜR 2 GLÄSER

1. Limetten auspressen und mit Basilikum, Kokosblütenzucker und Eis so lange mixen, bis sich der Zucker komplett aufgelöst hat.
2. Sprudelwasser hinzufügen, in Gläser abfüllen und mit Basilikum garnieren.

Nährwerte pro Glas

KCAL	60	FETT	1 g	KH	22 g	Z	21 g	PROT	0 g	BS	0 g

REGINA
PRE-WORKOUT

CHILI-MANGO-SLUSH

Dieser Drink wird dich richtig pushen. Dafür ist nicht nur der Schärfe-Kick aus Cayennepfeffer und Chili verantwortlich, sondern auch die vielen Vitamine. Dass Orangen eine Menge Vitamin C für dein Immunsystem liefern, ist ja nichts Neues. Zusammen mit der Mango wird aus diesem Drink aber ein echter Immun-Booster, denn Mango unterstützt dein Immunsystem auch noch mit Vitamin C, B-Vitaminen und Folsäure.

ZUTATEN

200 ml Orangensaft
150 g gefrorene TK-Mango
1/2 TL Chilipulver
1 Msp. Cayennepfeffer
1 Msp. Salz
frisch gepresster Saft von 1/2 Zitrone
1 EL Agavendicksaft

FÜR 2 GLÄSER

1 Alle Zutaten in einer Küchenmaschine schnell auf höchster Stufe pürieren.

2 Mit ein wenig Extra-Chilipulver garnieren.

Nährwerte pro Glas

KCAL	121	FETT	0 g	KH	24 g	Z	22 g	PROT	1 g	BS	0 g

REGINA
POST-WORKOUT

FRÜHSTÜCKS-SMOOTHIE

Keine Zeit, aber ohne gesundes Frühstück gehst du nicht aus dem Haus? Nichts einfacher als das: Alle Zutaten in den Mixer geworfen, einmal auf Knöpfchen gedrückt und du und dein Smoothie sind startklar – ob für den Weg ins Fitnessstudio oder zur Arbeit.

ZUTATEN

FÜR 1 GLAS

120 ml Mandeldrink
1 gefrorene Banane
4 getrocknete Datteln
1 Msp. Zimt
Crushed Ice

1 Alle Zutaten bis auf der Crushed Ice in der Küchenmaschine zu einer homogenen Masse mixen. Das Crushed Ice unterrühren und den Smoothie eiskalt genießen.

VARIATION MUSKELAUFBAU

Der Eiweißanteil in diesem Smoothie lässt sich für alle Athleten im Muskelaufbau natürlich noch nach oben variieren. Mit einem Scoop Proteinpulver wird der Frühstücks-Smoothie zum Post-Workout-Shake.

Nährwerte pro Glas

KCAL	FETT	KH	Z	PROT	BS
216	1 g	43 g	38 g	2 g	5 g

REGINA
HAUPTGERICHT

SÜSSE FLAMMKUCHEN

Weil der Teig für die süßen Flammkuchenvarianten nicht so deftig sein soll, wird er aus weißem Weizenmehl gebacken. So harmoniert er mit dem fruchtigen Aroma des Toppings am besten. Ein High-Carb-Gericht, das dich mit einem süßen Kohlenhydratnachschub nach einem anstrengenden Workout belohnt.

ZUTATEN

FÜR 1 BLECH

TEIG

125 g Weizenmehl
1 EL Rapsöl,
1 Prise Salz
100 g Creme fraiche

1 Den Backofen auf 200 °C Ober-/Unterhitze vorheizen (Umluft ist nicht geeignet).

2 Mehl, Öl und Salz mit ca. 60 ml Wasser zu einem Teig verkneten. Ein Backblech mit Backpapier belegen und mit etwas Mehl bestreuen. Den Teig dünn ausrollen und mit der Creme fraiche bestreichen.

FÜR DEN BIRNEN-ZIEGENKÄSE-BELAG

1/2 Birne
30 g Ziegencamembert
1 EL flüssiger Honig

3 Für den Birnen-Ziegenkäse-Belag die Birne waschen, vom Kerngehäuse befreien und in schmale Spalten schneiden. Den Ziegencamembert in dünne Scheiben schneiden. Beides auf dem Flammkuchenteig verteilen und mit dem Honig beträufeln.

4 Den Flammkuchen im Backofen 20–30 Minuten backen, bis der Belag schön braun ist und es lecker duftet.

Nährwerte pro Blech Birne-Ziegenkäse

KCAL	FETT	KH	Z	PROT	BS
857	34 g	112 g	19 g	21 g	5 g

FÜR DEN FEIGEN-WALNUSS-BELAG

3 getrocknete Feigen
1 Handvoll Walnusskerne
4 Thymianzweige

3 Für den Feigen-Walnuss-Belag die Feigen waschen und in Scheiben schneiden. Die Nüsse nach Wunsch grob hacken. Die Thymianblättchen von den Zweigen zupfen. Alles auf dem Flammkuchenteig verteilen.

4 Den Flammkuchen im Backofen 20–30 Minuten backen, bis der Belag schön braun ist und es lecker duftet.

Nährwerte pro Blech Feige-Walnuss

KCAL	FETT	KH	Z	PROT	BS
1058	46 g	129 g	32 g	21 g	12 g

REGINA
HAUPTGERICHT

OFEN-GEMÜSESPIESSE

Wintergrillen gilt zwar als Trend, aber ehrlich gesagt macht es nicht wirklich Spaß, bibbernd neben dem Grill zu stehen. Die Lösung für alle Grillspießfans ist dann der Backofen. Dort backst du die leckeren Gemüsespieße einfach auf dem Rost. Und während der Backzeit kannst du dir noch ein paar Dipps zusammenrühren.

ZUTATEN

FÜR 10 SPIESSE

- 10 Cherrytomaten
- 1 gelbe Paprikaschote
- 1 kleine Zucchini
- 1 Zwiebel
- 10 Champignons
- 1 EL Honig
- 1 EL Balsamicocreme
- 2 EL Olivenöl
- Salz
- Pfeffer
- Knoblauchpulver
- Paprikapulver

1. Das Gemüse putzen, gründlich waschen und in Würfel schneiden.
2. Honig, Balsamicocreme, Olivenöl, Salz, Pfeffer, Knoblauch- und Paprikapulver in einer Schüssel zu einer Marinade verrühren.
3. Die Marinade über das Gemüse geben und alles mindestens 2 Stunden kühl stellen. Dann zieht die Marinade schön ein. Wenn du keine Zeit hast, kannst du die Spieße auch direkt in den Ofen schieben.
4. Den Backofen auf 180°C Ober-/Unterhitze (Umluft 160°C) vorheizen.
5. Das marinierte Gemüse in beliebiger Reihenfolge auf Holzspieße stecken und auf den mit Backpapier belegten Rost legen. 20 Minuten backen.

TIPP

Ein Dipp aus 125 g Magerquark, 3 EL Joghurt, frischem Basilikum, etwas Saft und abgeriebener Schale einer Zitrone, Pfeffer und Salz komplettiert die Spieße mit einer guten Eiweißportion.

Nährwerte pro Spieß

KCAL		FETT		KH		Z		PROT		BS	
	49		2 g		3 g		2 g		1 g		1 g

REGINA
POST-WORKOUT

EI VOM BLECH

Mit diesem supereinfachen Gericht versorgst du dich mit einer ordentlichen Portion Eiweiß. Wir machen dir dazu fünf einfache Vorschläge für Toppings, die du vor dem Backen einfach darüberstreust. Such dir nach Lust und Laune aus, was du magst. Ob nur ein Topping oder gleich alle fünf – oder doch was ganz anderes? Probier aus, was dir am liebsten ist.

ZUTATEN

12 Eier
120 ml Milch
Salz
Pfeffer

TOPPINGS NACH WAHL

in Scheiben geschnittene Pilze und in Ringe geschnittene Schalotten

in Scheiben geschnittene Geflügelsalami und Oregano

Fetawürfel und in Ringe geschnittene Oliven

gewürfelte getrocknete Tomaten und Schinkenwürfel

in Ringe geschnittene frische Chili und Paprikastreifen

FÜR 4 PORTIONEN

1 Den Backofen auf 220°C Ober-/Unterhitze (Umluft 200°C) vorheizen. Die Eier mit der Milch in einer Schüssel verquirlen. Mit Salz und Pfeffer würzen.

2 Die Mischung auf ein beschichtetes Backblech (oder in eine große Auflaufform) gießen.

Nährwerte ohne Toppings pro Portion

KCAL	FETT	KH	Z	PROT	BS
240	15 g	4 g	3 g	20 g	0 g

3 Die gewünschten Toppings auf die Masse streuen und die Masse 15 Minuten backen.

REGINA
HAUPTGERICHT

SHRIMPSBLECH

Blechgerichte wie das Shrimpsblech sind lecker und machen, frei nach dem Motto „alles kann drauf", kaum Arbeit. Und wenn du das Blech in den Ofen geschoben hast, hast du noch Zeit, einen Dipp oder eine paar Sit-ups zu machen.

ZUTATEN

4 EL Kokosöl
1 Zwiebel
3 Paprikaschoten (rot, gelb, orange)
700 g TK-Garnelen
2 TL Chilipulver
1/2 TL Knoblauchpulver
ein paar Stängel frischer Koriander
etwas frisch gepresster Saft von 1 Limette

FÜR 4 PORTIONEN

1 Backofen auf 200°C Ober-/Unterhitze (Umluft 180°C) vorheizen und ein Backblech mit 2 EL Kokosöl einfetten.

2 Zwiebel schälen. Paprika waschen und von Samen und Scheidewänden befreien. Alles in schmale Streifen schneiden und mit den TK-Garnelen und den Gewürzen vermengen.

3 Alles auf dem Backblech verteilen und 8 Minuten backen. Dann die Grillfunktion des Backofens einstellen und weitere 2 Minuten backen.

4 Koriander hacken. Shrimpsblech damit garnieren und mit dem Limettensaft beträufeln.

VARIATION MORE CARBS

Dieses Low-Carb-Blech-Rezept ist wirklich ein Proteinwunder. Und wenn du möchtest, dann rollst du die Shrimps und das Gemüse in eine Tortilla oder kochst dir Naturreis dazu.

Nährwerte pro Portion

KCAL	414	FETT	20 g	KH	29 g	Z	6 g	PROT	28 g	BS	4 g

REGINA
ZWISCHENMAHLZEIT

HERZHAFTE WAFFELN

Wer Waffeln bisher nur als – zugegebenermaßen unwiderstehliche – süße Köstlichkeit zum Nachmittagskaffee kannte, wird hier eines Besseren belehrt. Denn das Multitalent kann auch herzhaft, und zwar richtig gut! Diese drei Rezepte beweisen es dir. Die Teigmischungen sind ganz unterschiedlich, deshalb variiert der Kohlenhydratanteil stark.

RICOTTA-KRÄUTER

ZUTATEN

250 g Vollkorn-Weizenmehl
1 TL Salz
1 EL Backpulver
Schnittlauch
Petersilie
Thymian
300 ml Buttermilch
125 g Ricotta
3 EL Olivenöl
2 Eier
Fett für das Waffeleisen

FÜR 8 WAFFELN

1 Mehl mit Salz und Backpulver in einer Schüssel vermischen. Die Kräuter hacken.

2 Die Buttermilch mit Ricotta, Olivenöl, Eiern und den gehackten Kräutern in einer weiteren Schüssel vermengen.

3 Die flüssigen Zutaten zu der Mehlmischung geben und alles zu einem zähflüssigen Teig vermischen.

4 Das Waffeleisen heizen und fetten. Nach und nach 8 Waffeln im darin knusprig backen.

Nährwerte pro Waffel

KCAL	204	FETT	9 g	KH	21 g	Z	2 g	PROT	8 g	BS	3 g

SPINAT-KÄSE

ZUTATEN

150 g TK-Spinat
2 EL Leinsamenmehl
50 g Mandelmehl
50 g Vollkorn-Weizenmehl
2 TL Backpulver
1 Ei
350 ml Mandeldrink
2 EL Orangensaft
2 EL Olivenöl
Salz, Pfeffer
100 g Parmesan
Fett für das Waffeleisen

FÜR CA. 8 WAFFELN

1 Den Spinat auftauen, gut abtropfen lassen und ausdrücken. Leinsamen-, Mandel- und Vollkornmehl sowie das Backpulver in einer Schüssel vermischen.

2 Spinat, Ei, Mandeldrink, Orangensaft, Öl, Salz und Pfeffer vermengen, dazugeben und den Parmesan einrühren.

3 Ca. 5 Minuten ruhen lassen. Dann das Waffeleisen heizen und fetten. Nach und nach 8 Waffeln backen.

Nährwerte pro Waffel

KCAL		FETT		KH		Z		PROT		BS	
KCAL	157	FETT	9 g	KH	5 g	Z	0 g	PROT	12 g	BS	2 g

SÜSSKARTOFFEL-HAFERFLOCKEN

ZUTATEN

225 g Süßkartoffeln
Salz
75 g Haferflocken
220 ml Mandeldrink
1 Ei
1 Eiweiß
1 Msp. Backpulver
1 EL Agavendicksaft
1 TL Kokosöl

FÜR CA. 6 WAFFELN

1 Süßkartoffel schälen, in Salzwasser weich kochen und anschließend pürieren. Haferflocken im Mixer zu Mehl mahlen.

2 Alle Zutaten zusammen in eine Rührschüssel geben, salzen und mit dem Handrührgerät zu einem glatten Teig verarbeiten.

3 Waffeleisen heizen und fetten. Nach und nach ca. 6 Waffeln backen.

Nährwerte pro Waffel

KCAL	118	FETT	2 g	KH	17 g	Z	5 g	PROT	4 g	BS	2 g

REGINA
SNACK

MANDEL-MÜSLIRIEGEL

Schlapp nach dem Training? Dann schnapp dir einen von diesen Superfood-Müsliriegeln! Das leckere Trockenobst darin wird im Nu deine Kohlenhydratspeicher wieder auffüllen. Das Besondere ist hier das Pseudogetreide Quinoa, das viel mehr Eiweiß als die meisten anderen Getreide hat und dir damit noch eine Extraportion Protein mit auf den Weg gibt.

ZUTATEN

FÜR 14 RIEGEL

- evtl. Fett für die Form oder Backspray
- 1 Tasse Quinoa
- 1/2 TL Kokosöl
- 1/2 Tasse Mandelblättchen
- 1 Tasse Haferflocken
- 1/4 Tasse Cranberries
- 1/4 Tasse getrocknete Datteln
- 1/4 Tasse getrocknete Aprikosen
- 5 EL Mandelmus
- 5 EL Agavendicksaft

1. Eine Auflaufform leicht einfetten, mit Backspray benetzen oder die Form mit Backpapier auslegen.
2. Quinoa in eine Schüssel geben. Das Kokosöl in einer Pfanne erhitzen, die Mandelblättchen und die Haferflocken darin rösten und ebenfalls in die Schüssel geben.
3. Das Trockenobst in kleine Stücke schneiden und dazugeben.
4. Mandelmus und Agavendicksaft in einem kleinen Topf bei schwacher Hitze erwärmen, sodass sich beides gut miteinander vermengen lässt. Dann ebenfalls in die Schüssel geben und alles gründlich verrühren.
5. Die Masse mit angefeuchteten Händen in der Auflaufform flach drücken. Die Form mindestens 1 Stunde in den Kühlschrank stellen.
6. Dann die Masse aus der Auflaufform stürzen und in Riegel schneiden

Nährwerte pro Riegel

KCAL	177	FETT	7 g	KH	20 g	Z	10 g	PROT	5 g	BS	3 g

REGINA
ZWISCHENMAHLZEIT

KRÄUTER-KARTOFFELSALAT

Dieser Kartoffelsalat schmeckt durch die vielen Kräuter und die saftigen Tomaten superfrisch und bleibt gesund – trotz Mayo. Mayo in einem Fitness-Kochbuch? Ja, richtig gelesen. Aber hier kommt nicht irgendeine Mayonnaise dran, sondern eine selbstgemachte, vegane Variante. Dieser Kartoffelsalat ist perfekt für die nächste Grillparty.

ZUTATEN

450 g festkochende Kartoffeln
Salz
1 Bund frischer Koriander
1/4 Bund frischer Dill
150 g Kirschtomaten
Pfeffer
70 g Cashewkerne
2 EL Senf
1/4 TL Chilipulver
2 Knoblauchzehen
100 ml frisch gepresster Zitronensaft

FÜR 2 PORTIONEN

1. Die Kartoffeln gründlich waschen und etwa 25 Minuten in Salzwasser gar kochen kochen. Anschließend abkühlen lassen, schälen und in grobe Stücke schneiden.

2. Kräuter und Kirschtomaten waschen und in Stücke schneiden. In einer Schüssel mit den Kartoffeln vermengen.

3. Für die Mayonnaise den Knoblauch schälen und mit allen anderen Zutaten in einem Mixer vermischen, bei Bedarf noch etwas Wasser hinzufügen.

4. Die Mayonnaise unter den Salat heben, bis alles gut miteinander vermischt ist und mit etwas Salz und Pfeffer abschmecken.

Nährwerte pro Portion

KCAL	423	FETT	15 g	KH	52 g	Z	7 g	PROT	12 g	BS	7 g

REGINA
ZWISCHENMAHLZEIT

TORNADOKARTOFFELN

Diese Tornados haben null Zerstörungskraft, im Gegenteil: Sie geben dir Energie zurück. Auch optisch sind sie der Kracher. Es sieht viel komplizierter aus, als es ist. Wir haben hier ein paar Ideen, wie du die Spiralen lecker aromatisieren kannst. Es spricht nichts dagegen, gleich mehrere Varianten auszuprobieren, denn vielleicht willst du mehr als nur einen Tornado genießen.

ZUTATEN

FÜR 1 KARTOFFEL

1 mittelgroße Kartoffel
1 EL Olivenöl

1. Den Backofen auf 160°C Ober-/Unterhitze (Umluft 140°C) vorheizen. Kartoffel waschen und auf einen Schaschlikspieß spießen.
2. Mit einem langen, durchgehenden Schnitt spiralförmig aufschneiden. Vorsichtig auseinanderziehen.
3. Kartoffelspirale mit Olivenöl bepinseln und mit der jeweiligen Würzmischung würzen.
4. Im Backofen auf einem Blech ca. 30 Minuten knusprig backen.

CHILI-PAPRIKA

ZUTATEN

1/2 TL Chilipulver
1/2 TL Paprikapulver
Chiliflocken

1. Chilipulver und Paprikapulver mischen und über die Kartoffelspirale streuen. Zum Schluss noch ein paar Chiliflocken darüber streuen.

Nährwerte pro Kartoffel

KCAL	FETT	KH	Z	PROT	BS
227	14 g	18 g	2 g	2 g	3 g

MEERSALZ-PARMESAN

ZUTATEN

1 TL Meersalz
1 EL geriebener Parmesan

1. Parmesan und Meersalz mischen und über die Kartoffelspirale streuen.

Nährwerte pro Kartoffel

KCAL	FETT	KH	Z	PROT	BS
260	17 g	16 g	0 g	7 g	2 g

MEDITERRANE KRÄUTER

ZUTATEN

1/2 Meersalz, 1 TL Rosmarin
1 TL Thymian, 1/2 TL Oregano

1. Salz und Kräuter mischen und über die Kartoffelspirale geben.

Nährwerte pro Kartoffel

KCAL	FETT	KH	Z	PROT	BS
226	14 g	20 g	0 g	2 g	3 g

REGINA
HAUPTGERICHT

GEBACKENER KRÄUTERLACHS

Lachs gehört zu den Fischsorten, die einen besonders hohen Gehalt an Omega-3-Fettsäuren besitzen. Entscheide dich aber am besten für Lachs aus Wildfang, denn der hat ein deutlich besseres Fettsäurenverhältnis als Zuchtlachs. Der Fisch bleibt im Päckchen gegart herrlich saftig und bekommt am Schluss noch eine knusprige Kruste verpasst. Genial einfach und genial lecker.

ZUTATEN

FÜR 2 PORTIONEN

2 Lachsfilets (à ca. 200 g)
1 Knoblauchzehe
20 g Parmesan
1/2 Bund Petersilie
1 EL frisch gepresster Zitronensaft
Salz

1 Den Backofen auf 200°C Ober-/Unterhitze (Umluft 180°C) vorheizen. Die Lachsfilets in Backpapier oder Alufolie wickeln und 10 Minuten im Ofen backen.

2 In der Zwischenzeit den Knoblauch schälen, den Parmesan reiben und die Petersilienblättchen von den Stängeln zupfen. Alles mit dem Zitronensaft und dem Salz mit dem Pürierstab zu einer Masse verarbeiten.

3 Den Lachs aus dem Ofen nehmen, auspacken und mit der Masse bestreichen. In eine Auflaufform legen, unbedeckt wieder in den Ofen schieben und ca. 10 Minuten backen.

4 Wenn der Lachs gar und die Parmesankruste goldbraun ist, 5 Minuten auskühlen lassen.

Nährwerte pro Portion

KCAL	448	FETT	25 g	KH	2 g	Z	1 g	PROT	44 g	BS	0 g

REGINA
PRE-WORKOUT

KÜRBISKUCHEN SMOOTHIE

Als Nachspeise darf der Pumpkin-Pie in den USA besonders an Halloween, Thanksgiving und Weihnachten nicht fehlen. Wir haben uns davon zu einem sättigenden Smoothie inspirieren lassen. Die beliebte Mineralbooster-Kombi aus Mandeldrink, Banane und Haferflocken wird hier mit dem ballaststoffhaltigen Kürbis ergänzt. Ballaststoffe helfen beim Abnehmen und verbessern die Verdauung.

ZUTATEN

FÜR 1 GLAS

- 1 kleine Banane
- 100 ml Mandeldrink
- 30 g Kürbispüree (siehe Tipp)
- 1 EL Haferflocken
- 1 Msp. Zimt
- 1 Msp. Gewürznelke
- 1 Prise geriebene Muskatnuss

1 Alle Zutaten im Mixer vermengen und genießen.

TIPP

Kürbispüree gibt es in den USA überall zu kaufen, bei uns eher nicht. Du kannst es aber auch supereasy selber machen: Kürbis kleinschneiden, in wenig Salzwasser weich kochen und mit dem Kartoffelstampfer zerdrücken – schon fertig.

Nährwerte pro Glas

KCAL	191	FETT	2 g	KH	35 g	Z	20 g	PROT	3 g	BS	4 g

REGINA
ZWISCHENMAHLZEIT

CRACKER MIT GEGRILLTEN ZIEGENKÄSE-TOMATEN

Low-Carb-Cracker ganz ohne Getreide. Wenn du auf Gluten verzichten willst oder musst, dann freu dich über diese Cracker. Mandelmehl hat im Vergleich zu normalem Mehl weniger Kohlenhydrate. Und da es aus dem Presskuchen gemahlen wird, der bei der Mandelölherstellung zurückbleibt, besitzt es auch kaum Fett. Mit dem Schafs- und Ziegenkäsetopping bekommst du dazu ein eiweißreiches Topping.

ZUTATEN

FÜR 15 CRACKER

CRACKER

1 Ei
Msp. Pfeffer
180 g Mandelmehl
1/2 TL Salz

TOMATEN

15 Cherrytomaten
100 g Feta
30 g Ziegenkäse
Thymian
Oregano

1. Für die Cracker den Backofen auf 180°C Ober-/Unterhitze (Umluft 160°C) vorheizen.
2. Ei, Salz und Pfeffer verquirlen, das Mandelmehl langsam hinzufügen und alles zu einem Teig verarbeiten. Nach Bedarf noch etwas Wasser hinzufügen.
3. Den Teig auf einem mit Backpapier ausgelegten Backblech dünn ausrollen und mit einem Messer in 15 Cracker ritzen. Im Ofen 15 Minuten goldbraun backen, anschließend auskühlen lassen. Cracker voneinander trennen.
4. Den Ofen für die Tomaten auf 200°C (Umluft 180°C) hochstellen. Tomaten waschen, halbieren und auf ein Backblech legen.
5. In einer Schüssel den Feta mit dem Ziegenkäse verrühren und auf die Tomatenhälften streichen. Ca. 15 Minuten backen.
6. Auskühlen lassen, dann die Cracker mit den Tomaten belegen und mit Oregano und Thymian garnieren.

Nährwerte pro Cracker

KCAL	60	FETT	3 g	KH	0 g	Z	0 g	PROT	6 g	BS	3 g

REGINA
ZWISCHENMAHLZEIT

APFEL-SPINAT-SALAT MIT WALNÜSSEN

Hier kriegst du dein Fett weg – denn die guten Fette aus Nüssen und Olivenöl in diesem Salat machen schlank! Walnüsse sind nicht nur in diesem leckeren Salat, sondern auch mal zwischendurch eine gehaltvolle gesunde Knabberei. Und dass auch Olivenöl gut für dich ist, davon hast du natürlich schon gehört. Apfel, Cranberries und Honig steuern hier nicht nur eine feine Süße, sondern auch einen Schuss Kohlenhydrate bei.

ZUTATEN

FÜR 2 PORTIONEN

- 170 g Babyspinat, alternativ Feldsalat
- 1 Apfel
- 30 g Walnusskerne
- 20 g Cranberries

DRESSING

- 2 EL Olivenöl
- 1 EL Zitronensaft
- 1 EL flüssiger Honig
- 1 EL Senf
- Salz
- Pfeffer

1. Spinat waschen, abtropfen lassen, nach Bedarf etwas klein zupfen und in eine Schüssel geben.
2. Den Apfel waschen, das Kerngehäuse entfernen und das Fruchtfleisch in schmale Spalten schneiden.
3. Apfelspalten, Walnusskerne und Cranberries unter den Spinat mischen.
4. Für das Dressing, Olivenöl, Zitronensaft, Honig und Senf verrühren, mit Salz und Pfeffer würzen.
5. Das Dressing unter den Salat heben.

Nährwerte pro Portion

KCAL	354	FETT	24 g	KH	27 g	Z	21 g	PROT	4 g	BS	4 g

REGINA
ZWISCHENMAHLZEIT

GEMÜSE AUS DEM WAFFELEISEN

Genial, so ein Waffeleisen, und so vielseitig. Es kann zum Beispiel einen Ofen oder eine Pfanne ersetzen. Wir demonstrieren dir das hier mal mit zwei ganz unterschiedliche Rezepten für Gemüse aus dem Waffeleisen: mit einem Rösti, das in der Pfanne viel mehr Fett verschlingen würde, und einem schnellen Röstgemüse.

GEMÜSERÖSTI

FÜR 8 WAFFELN

ZUTATEN

250 g Möhren
250 g Kartoffeln
1 Zwiebel
500 g Zucchini
200 g Gruyère (oder Parmesan)
100 g Vollkorn-Weizenmehl
3 Eier
Salz, Pfeffer
Fett für das Waffeleisen

1 Möhren, Kartoffeln und Zwiebel schälen, Zucchini waschen. Alles sehr fein raspeln. Den Käse reiben.

2 Alles mit Mehl, Eiern, Salz und Pfeffer zu einem Teig vermengen.

3 Das Waffeleisen heizen, etwas fetten. Nach und nach 8 Waffeln darin ausbacken.

Nährwerte pro Waffel

KCAL		FETT		KH		Z		PROT		BS	
KCAL	221	FETT	10 g	KH	17 g	Z	4 g	PROT	12 g	BS	3 g

GEWAFFELTES GEMÜSE

FÜR 2 PORTIONEN

ZUTATEN

1 Zucchini
1 rote Paprikaschote
1 Aubergine
1 EL Olivenöl
Pfeffer
Salz

1 Zucchini, Paprika und Aubergine waschen, Paprika von Samen und Scheidewänden befreien. Zucchini und Paprika längs und die Aubergine quer in Scheiben schneiden. Das Gemüse beidseitig mit dem Öl einreiben und mit Pfeffer und Salz würzen.

2 Alles nacheinander im Waffeleisen backen.

TIPP

Auf diese Weise lassen sich sehr viele Gemüsesorten zubereiten, aber alles eignet sich nicht. Sehr wasserhaltige Tomaten sind einfach zu feucht, Fleischtomaten haben aber einen geringeren Wasseranteil und machen sich gut im Waffeleisen. Auch Blattgemüse wie Spinat, Kohl etc. ist weniger geeignet.

Nährwerte pro Portion

KCAL	156	FETT	8 g	KH	11 g	Z	11 g	PROT	5 g	BS	6 g

REGINA
SNACK

SALZIGE MANDEL-COOKIES

Cookies, die zugleich salzig und süß sind – und noch nicht mal gebacken werden? Klingt schräg, hat aber nicht nur den Vorteil, dass die kleinen Happen ratzfatz sofort in den Magen wandern können, sondern schont natürlich auch die guten Inhaltsstoffe aus Mandeln und Datteln. Und nicht zu vergessen: Diese Cookies schmecken tatsächlich einfach großartig!

ZUTATEN

130 g Mandeln
1 Vanilleschote
120 g Mandelbutter
180 g getrocknete Datteln
10 ml frisch gepresster Zitronensaft
1/2 TL Meersalz

FÜR 10 COOKIES

1 Die Mandeln im Mixer zu grobem Mehl mahlen. Vanilleschote aufschlitzen und das Mark auskratzen. Vanillemark und alle anderen Zutaten zu den Mandeln geben und zu einer dicken, klebrigen Masse mixen.

2 Aus der Masse kleine Kugeln formen und auf einem Brett oder Blech verteilen.

3 Die Kugeln mit einer Gabel flach drücken, sodass sich sich ein schönes Muster auf der Oberfläche abzeichnet, mit grobem Meersalz garnieren und verzehren.

Nährwerte pro Cookie

KCAL	210	FETT	13 g	KH	13 g	Z	13 g	PROT	6 g	BS	4 g

REGINA
HAUPTGERICHT

SÜSSKARTOFFELGRATIN MIT ZIEGENKÄSE

Natürlich ist es dir nicht neu, aber wir wollen es einfach trotzdem noch einmal betonen: Süßkartoffeln sind echte Powerpakete. Ihre vielen Kohlenhydrate liegen hauptsächlich in Form einer besonders komplexen Stärke vor, die dem Körper viel Energie gibt, ohne den Blutzuckerspiegel stark zu belasten. Mit gleich zwei aromatischen Käsesorten wird dieses cremige Gratin auch noch zu einem leckeren Proteinlieferanten.

ZUTATEN

FÜR 4 PORTIONEN

- Fett für die Form
- 1,2 kg Süßkartoffeln
- 30 g weicher Ziegenkäse
- 200 ml feine Küchencreme
- 1 TL getrockneter Thymian
- 250 g Parmesan
- Salz
- Pfeffer

1. Den Backofen auf 190°C Ober-/Unterhitze (Umluft 170°C) vorheizen. Eine Auflaufform einfetten.

2. Die Süßkartoffeln schälen und in dünne Scheiben schneiden. Den Ziegenkäse in einer Schüssel mit der Küchencreme und dem Thymian vermengen. Den Parmesan reiben.

3. Die Hälfte der Süßkartoffelscheiben in der Form verteilen, salzen, pfeffern und mit der Hälfte der Ziegenkäsecreme bedecken. Die Hälfte des Parmesans darüberstreuen und alles mit den restlichen Zutaten wiederholen.

4. Die Auflaufform mit Alufolie bedecken und das Gratin ca. 50 Minuten backen. Dann die Folie entfernen und bis zum gewünschten Bräunungsgrad weiterbacken.

Nährwerte pro Portion

KCAL		FETT		KH		Z		PROT		BS	
	553		20 g		65 g		15 g		29 g		9 g

REGINA
HAUPTGERICHT

VEGGIE-PAELLA AUS DEM TOPF

Okay, das Typische der Paella ist die Pfanne, nach der das Gericht auch benannt ist. Aber auch im Topf zubereitet füllt diese vegetarische Paella deine Kohlenhydratspeicher nach dem Sport wieder auf, dabei hat sie kaum Fett. Statt Safran ist hier das Superfood Kurkuma für die kräftig gelbe Farbe verantwortlich. Kurkuma gilt als Heilmittel gegen Entzündungen.

ZUTATEN

FÜR 6 PORTIONEN

- 2 rote Zwiebeln
- 3 Knoblauchzehen
- 500 g Vollkornreis
- 1,2 l Gemüsebrühe
- 1 TL gemahlene Kurkuma
- 1 EL Öl
- 3 Paprikaschoten (rot, grün, gelb)
- 1 Zucchini
- 100 g grüne Bohnen
- 800 g passierte Tomaten
- 1 EL Honig
- 1 EL Pfeffer
- 1 EL Salz

1. Zwiebeln und Knoblauch schälen und fein hacken. In einem Topf im Öl andünsten.
2. Dann Reis und Gemüsebrühe hinzufügen und alles zum Kochen bringen.
Mit Kurkuma würzen.
3. Paprika waschen, Samen und Scheidewände entfernen und die Schoten klein schneiden. Zucchini und grüne Bohnen waschen und ebenfalls kleinschneiden. Mit dem Honig und den passierten Tomaten in den Topf geben.
4. Topf mit dem Deckel schließen und solange kochen, bis die Gemüsebrühe vom Reis vollständig aufgenommen ist.
Gut pfeffern und salzen.

Nährwerte Portion

KCAL	373	FETT	3 g	KH	72 g	Z	13 g	PROT	11 g	BS	11 g

REGINA
SNACK

PROTEIN-FEIGEN-SCHNITTEN

Die Schnitten schmecken wie Obstkuchen mit Streuseln, sind aber viel einfacher gemacht und natürlich auch gesünder: Haferflocken und Feigen peppen dich mit langkettigen und deswegen langsam ins Blut gehenden Kohlenhydraten auf, die Mandeln steuern das gute Fett bei und – klar – das Wheyprotein baut deine Muskeln auf. Genieße die Schnitten zum Kaffee- oder Teepäuschen oder nach dem Training.

ZUTATEN

150 g Haferflocken
100 g gemahlene Mandeln
200 g getrocknete Feigen
75 ml Agavendicksaft
250 g TK-Himbeeren
100 g Eiweißpulver (Whey, Vanille- oder Himbeergeschmack)

FÜR 12 SCHNITTEN

1 Den Ofen auf 180°C Ober-/Unterhitze (Umluft 160°C) vorheizen und ein Backblech mit Backpapier auslegen. Die Haferflocken im MIxer zu grobem Mehl verarbeiten und mit dem Whey vermischen.

2 Gemahlene Mandeln, Feigen und Agavendicksaft hinzufügen und zu einer homogenen Masse mixen. Drei Viertel der Masse auf dem Backblech verstreichen und 12 Minuten im Ofen backen.

3 Dann das Backblech aus dem Ofen holen und die Masse mit den Himbeeren belegen. Die restliche Teigmasse über den Himbeeren verteilen, mit einer Gabel andrücken und weitere 25 Minuten backen. Vor dem Schneiden erkalten lassen.

VARIATION

Du kannst natürlich auch andere TK-Früchte nehmen und ein Wheyprotein in einer passenden Geschmacksrichtung dazu auswählen. Probier zum Beispiel mal eine Kombinationen aus TK-Waldbeeren und Wheyprotein mit Schoko- oder Cookiegeschmack aus.

Nährwerte pro Schnitte

KCAL	FETT	KH	Z	PROT	BS
206	6 g	23 g	15 g	11 g	4 g

PAULA

„NUR WENN DU DICH BEWUSST ERNÄHRST, HAST DU ENERGIE FÜR DEN ALLTAG“

FINDE DEINE BALANCE
UND DIE LIEBE ZU DIR SELBST

Wer sich für Fitness auf Leistungssportniveau interessiert, kennt mich vielleicht schon. Auch wenn das jetzt alles superglamourös klingt – als würde ich in einer anderen, unerreichbaren Liga spielen – stimmt das nicht. Ich kam von ganz unten. Ich war übergewichtig und unglücklich. Mein Selbstbewusstsein war am Boden. Aber ich habe mich aus eigener Kraft da herausgekämpft. Ich habe Fehler gemacht, klar, aber ich habe aus ihnen gelernt, eine Balance in meinem Leben zu finden.

ICH BIN PAULA KRÄMER, PROFESSIONELLE BODYBUILDERIN UND FITNESS-YOUTUBERIN.
2015 STARTETE ICH IN MEINE ERSTE WETTKAMPFSAISON, WURDE AUF ANHIEB ZWEITE BEI DEN DEUTSCHEN MEISTERSCHAFTEN IN DER BIKINI-JUNIOREN-KLASSE, EIN JAHR SPÄTER DANN ERSTE UND KAM ZUDEM UNTER DIE TOP TEN BEI DER EUROPAMEISTERSCHAFT.

Mit meinen Videos will ich anderen Frauen zeigen, dass und wie es möglich ist, sich selbst, die Liebe zu sich und die eigene innere Stärke zu finden.

IGNORIERE DIE NEIDER

Dass das nicht immer einfach ist, weiß ich selbst nur zu gut. Ich bin zwar sehr behütet aufgewachsen, war schon immer interessiert und wissbegierig, was mir später zugute kommen sollte. Schwimmen war als Kind meine ganz große Leidenschaft. Ich hatte zehn bis zwölf Trainingseinheiten pro Woche, schwamm auf Wettkampfniveau und hatte sogar Karriere-Ambitionen. Doch gerade Kinder – und leider auch Erwachsene – sind oft sehr missgünstig, gönnen einem den Erfolg nicht. Ich musste also früh lernen, Neid und dumme Sprüche zu ignorieren. Mit 14 Jahren hörte ich mit dem Schwimmen auf, um für einen einjährigen Schüleraustausch nach Neuseeland zu reisen.

Und so schön diese Zeit auch war, sie brachte mich komplett aus meiner Routine und meiner Balance. Ich habe zu viel gegessen, stark zugenommen und dann versucht, durch halbherzigen Sport wieder abzunehmen. Ich war auf einmal in dem Teufelskreis gefangen, den so viele Menschen und vor allem Frauen kennen: Aß ich zu viel, fühlte ich mich schlecht. Dann aß ich fast nichts mehr, um wieder abzunehmen, nur um dann wieder alles draufzufuttern. Nach einem Jahr kam ich schließlich mit zehn Kilo mehr auf den Hüfte nach Deutschland zurück. Ich konnte mich nicht mehr im Spiegel ansehen, meine schulischen Leistungen ließen nach, ich war plötzlich völlig desinteressiert und ja, fast schon richtig depressiv.

Der Wendepunkt kam, als ich mit einer Freundin ein Fotoshooting machte. Wir hatten einfach nur Spaß, alberten herum und knipsten uns dabei gegenseitig. Doch als ich die Bilder dann sah, hatte der Spaß ein Ende. Plötzlich wurde mir bewusst, wie sehr ich mich hatte gehen lassen, wie weit ich von meinem früheren Weg abgekommen war. Ich war schockiert! Ich besorgte mir alle Bücher, die ich zum Thema Ernährung und Fitnesstraining finden konnte und studierte sie. Und dann änderte ich von einem Tag auf den anderen einfach alles. Nein, es fiel mir nicht schwer. Wie gesagt, ich war schon immer sehr wissbegierig und interessiert, zu diesem Zeitpunkt aber noch an einem solchen körperlichen und seelischen Tiefpunkt, dass es nur eine Möglichkeit für mich gab: Alles oder gar nichts. Hätte ich das nicht getan, ich glaube, dann wäre ich heute vielleicht gar nicht mehr hier.

Trotzdem war es kein leichter Weg. Mein Training lief zwar ganz gut, ich ging fünf bis sieben Mal pro Woche ins Studio, aber die Ernährung ... meine Güte! Ich machte eine strenge, sehr strenge Low-Carb-Diät. Sonntags stand ich stundenlang in der Küche und kochte alles für die bevorstehende Woche vor. Immer mehr, selbst supergesunde Lebensmittel, die vermeintlich zu viele Kohlenhydrate enthielten, wurden dabei peu à peu von meinem Speiseplan gestrichen – am Ende nahm ich nur noch 600 bis 700 Kalorien pro Tag zu mir, nicht einmal Möhren waren noch erlaubt. Ins Restaurant gehen? Ein Eis essen? Undenkbar! Ich war in meine alten Diätmuster zurückgefallen, wollte nur noch abnehmen, und das möglichst schnell.

VERFALLE NICHT IN EXTREME, SONDERN HÖRE AUF DEINEN KÖRPER

Meine Rettung kam in Form eines Trainers, der mich im Fitnessstudio ansprach und fragte, ob ich an Bodybuilding interessiert sei. War ich! Ich wollte auf die Bühne. Ich wollte zurück in den Leistungssport. Und ich wollte endlich wieder ein neues Ziel im Leben haben. Meine erste Lektion: Ich musste mehr essen. Der Trainer war schockiert wegen der wenigen Kalorien, die ich meinem Körper trotz meines intensiven Trainings gönnte und erklärte mir, dass ich deutlich mehr zu essen müsste, um gesund und leistungsfähig zu sein – nicht nur körperlich, sondern vor allem auch mental. Also steigerte ich meine Kalorienzufuhr auf über 2000 Kalorien pro Tag, fuhr aber immer noch auf dem Low-Carb-Wagon. Wie so vielen Frauen, und davon kenne ich einige, machten Lebensmittel mir fast schon Angst. Es gab eine Zeit, da löste allein der Gedanke an Brot oder Nudeln Panik in mir aus. Und das, um es mal auf den Punkt zu bringen, ist der erste Schritt in Richtung Essstörung. Deshalb würde ich diese Ernährungsform niemandem empfehlen und verfolge sie auch selbst nicht mehr.

Was ich heute mache, nenne ich Flexible Dieting. Heißt: Ich verbiete mir nichts. Ich koche auch nicht mehr vor wie eine Wahnsinnige. Ich achte aber auf eine gesunde, ausgewogene Ernährung mit vielen frischen, naturbelassenen Zutaten – und die bekommt man auch unterwegs, sei es in Form eines Salats oder von frischen Früchten. Es gibt kaum Restaurants, nicht mal Fast-Food-Ketten, die nicht auch gesunde Sachen auf der Speisekarte haben.

Was ich mir aber immer zubereite, sind Haferflocken zum Frühstück. Die liebe ich! Mit Proteinpulver und Chiasamen aufkochen, ein paar Beeren drauf, fertig. Ich achte heute darauf, dass ich genug Kalorien bekomme, um Energie für meinen Tag zu haben. Neben meiner Karriere als YouTuberin studiere ich nämlich auch noch Wirtschaftswissenschaften an der Uni Kassel, wobei ich demnächst vom Präsenz- zu einem Fernstudium wechsle, weil es einfach etwas zu viel geworden ist. Wie beim Körper gilt eben in allen Bereichen des Lebens: Höre in dich hinein. Was tut dir gut? Was stresst dich? Worauf hast du Hunger? Was sagt dir deine innere Stimme? Und dann mach es einfach oder ändere das, was nicht passt. Einzig in der Wettkampfphase werde ich streng, was meine Ernährung betrifft, aber das ist nicht normaler Alltag – und sollte es auch niemals sein. Das ist eine Extremsituation, die nur sehr kurzfristig und kontrolliert stattfinden darf.

FAKE IT 'TIL YOU MAKE IT!

Das wurde mein Motto, nachdem ich zwar den Körper, aber noch lange nicht die mentale Stärke und das Selbstbewusstsein für die Bühne hatte. Diese Dinge kann man nun mal nicht mit Gewichten im Fitnessstudio trainieren. Was aber nicht heißt, dass man sie nicht aufbauen kann wie einen Muskel. Egal in welcher Situation du gerade steckst, ob du jobmäßig auf die gefühlte Bühne in Form eines Vorstellungsgesprächs musst, ob du bei einer Prüfung oder einfach nur im ganz normalen Alltagswahnsinn deine Performance ablieferst – tu einfach so, als hättest du alles im Griff. Und du wirst merken: An jeder Situation wächst du, oftmals sogar über dich hinaus. Du lernst deine Grenzen kennen, steckst sie neu, reißt sie wieder ein. Ich habe durch das Bodybuilding mich selbst kennengelernt und wurde eben nicht nur körperlich, sondern vor allem auch mental immer stärker.

Genau das will ich mit meinen Videos vor allem Frauen beibringen. Sie sind es nämlich, die sich am meisten stressen. Die oft unzufrieden mit sich sind, aber nicht genau wissen, was sie dagegen tun können. Ich will diese Frauen an die Hand nehmen, will ihnen zeigen, dass sie sich nicht in eine Form pressen lassen müssen. Dass man nicht Bodybuilding machen oder täglich ins Fitnessstudio rennen muss, um sich gut zu fühlen. Klar, etwas Disziplin muss schon sein, aber gehe es locker an! Was niemals leiden sollte, ist der Spaß an der Sache und die Lebensqualität! Als ich mit dem Bodybuilding anfing, war ich selbst ständig auf der Suche nach Videos, um noch mehr zu lernen, musste aber feststellen, dass es da im deutschsprachigen Bereich nicht viel für Frauen gibt. Also mache ich es jetzt selbst. Ich will euch unterstützen und motivieren. Und jede einzelne von euch motiviert mich wiederum am Ball zu bleiben, noch besser zu werden, noch mehr auf eure Probleme einzugehen. Selbst das virtuelle Leben ist eben ein Geben und Nehmen.

NUR WER WAGT, DER GEWINNT

Diese Lebensweisheit habe ich so verinnerlicht, dass ich sie mir auf den Fuß habe tätowieren lassen. Ich bin in meinem Leben viele Risiken eingegangen. Ich bin nach Neuseeland gereist. Dann habe ich mein Leben von einem Tag auf den anderen komplett geändert, bin auf die Bühne gegangen und zeige mich im Internet. Dazu gehört Mut. Und Selbstliebe. Die fällt mir bis heute nicht immer leicht. Auch ich habe schlechte Tage, aber dann höre ich auf meinen Körper, gönne ihm eine Auszeit, tue mir selbst etwas Gutes – und bin dann wieder glücklich. Der Druck, der auf uns allen lastet, ist heutzutage riesig. Gerade durch Social Media sind die Erwartungshaltungen enorm: Immer mehr Leistung, immer besser aussehen, immer noch perfekter leben. Und dann sieht man doch immer wieder Menschen, die es noch besser machen als man selbst. Vergleich dich nicht. Sei mit dir selbst im Reinen. Fang irgendwo an, mach den ersten Schritt, setz dir selbst deine Ziele. Und wenn du sie erreicht hast, setz dir neue. Du bist gut genug – so, wie du bist!

PAULA

HAUPTGERICHT

SÜSSKARTOFFELPIZZA

Wenn man sich das Rezept anschaut, kann man es sich schwer vorstellen, aber dieser Pizzaboden ist unglaublich kross und schön fest. So muss ein Pizzaboden sein! Wir haben hier auf die übliche Tomatensauce verzichtet und nehmen stattdessen als Basis eine cremige Bechamelsauce aus Mandeldrink und Haferflocken. Mit dem Rot, Weiß und Grün von Tomaten, Feta und Rucola schaffen wir uns dann eine aromatische Variante der Pizza Margherita.

ZUTATEN

1 Süßkartoffel (ca. 350 g)
50 g Haferflocken
1 Ei
30 ml Olivenöl
1 EL Mehl
20 ml Mandeldrink
5 Kirschtomaten
150 g Rucola
Salz
Pfeffer

FÜR 1 PIZZA

1. Backofen auf 200°C Ober-/Unterhitze (Umluft 180°C) vorheizen. Süßkartoffel schälen, in dünne Scheiben schneiden und im Backofen gar werden lassen.

2. Die Süßkartoffel mit Haferflocken, Öl und Salz im Mixer zu einem Teig verarbeiten.

3. Den Teig auf einem mit Backpapier ausgelegten Backblech kreisförmig ausrollen.

4. Für ca. 15 Minuten backen bis der Teig knusprig ist.

5. In einem kleinen Topf 1 EL Olivenöl bei mittlerer Temperatur erhitzen. Das Mehl hinzugeben und für 1-3 Minuten kräftig rühren. Die Mandelmilch und ein wenig Salz hinzugeben und so lange weiterrühren bis die Sauce langsam eindickt.

6. Sauce auf den Süßkartoffelboden streichen und die geviertelten Tomaten und den Rucola darauf verteilen. Mit Salz und Pfeffer würzen.

Nährwerte pro Pizza

KCAL		FETT		KH		Z		PROT		BS	
KCAL	835	FETT	32 g	KH	115 g	Z	18 g	PROT	16 g	BS	18 g

PAULA
ZWISCHENMAHLZEIT

BANANEN HAFERFLOCKEN FRENCH TOAST

Das süße Frühstück kommt hier nicht ganz so süß daher, sättigt dich aber mit Banane, Vollkorntoast und Haferflocken richtig gut. Es wird nicht, wie der Klassiker, in der Pfanne mit Fett ausgebacken, sondern kommt durch das Backen im Ofen ganz ohne Fettzugabe aus. Bei beiden Zutaten Banane und Haferflocken bereiten dich mit einer guten Magnesiumportion auch noch optimal aufs Training vor.

ZUTATEN

1/2 Banane
60 ml Mandeldrink
1 TL Agavendicksaft
1/2 TL Zimt
1 Vollkorntoast
20 g Haferflocken

FÜR 1 PORTION

1. Den Backofen auf 190°C Ober-/Unterhitze (Umluft 170°C) vorheizen.
2. Banane in Scheiben schneiden und mit Mandeldrink, Agavendicksaft und Zimt vermischen.
3. Den Toast in kleine Stücke zupfen und mit in die Mischung geben. Mit einer Gabel leicht andrücken, sodass der Toast die Flüssigkeit aufnehmen kann.
4. Nun die Haferflocken unterrühren. Sollte die Mischung zu trocken sein, kann noch etwas Mandeldrink hinzugefügt werden.
5. In ein kleines ofenfestes Schälchen geben und 15–20 Minuten backen.

Nährwerte pro Portion

KCAL	237	FETT	3 g	KH	42 g	Z	17 g	PROT	6 g	BS	5 g

PAULA
HAUPTGERICHT

INGWER-MEATBALL-SUPPE

Mit Ingwer bekommen die Fleischbällchen den gewissen Asia-Touch, der diese Suppe so besonders macht. Die Bällchen werden im Ofen gegrillt, so kriegen sie eine leckere Knusperhülle, haben aber weniger Fett als aus der Pfanne. Eine echte Wohlfühlsuppe, die dir Kohlenhydrate und Eiweiß liefert!

ZUTATEN

500 g Hackfleisch (halb und halb)
2 Frühlingszwiebeln
2 Knoblauchzehen
1 daumengroßes Stück Ingwer
1/2 TL Salz
1/2 TL Pfeffer
1,5 l Gemüsebrühe
200 g Zuckerschoten
2 Tassen gekochter Naturreis

FÜR 6 PORTIONEN

1 Die Grillfunktion des Ofens auf höchster Stufe vorheizen (falls nicht vorhanden, den Ofen auf 200°C vorheizen).

2 Frühlingszwiebeln waschen und in Ringe schneiden. Knoblauch und Ingwer schälen und sehr fein würfeln.

3 Hackfleisch mit Frühlingszwiebeln, Knoblauch, Ingwer, Salz und Pfeffer vermischen. Mundgerechte Fleischbällchen aus der Masse formen und auf einem mit Backpapier belegten Backrost verteilen.

4 Die Fleischbällchen 5–7 Minuten im Ofen grillen, bis sie gebräunt sind.

5 In der Zwischenzeit die Brühe aufkochen und die Zuckerschoten waschen. Zuckerschoten, Reis und die Fleischbällchen in die Brühe geben.

6 Hitze reduzieren und alles 5 Minuten köcheln lassen, sodass die Fleischbällchen durch und die Zuckerschoten gar sind.

Nährwerte pro Portion

KCAL	419	FETT	17 g	KH	38 g	Z	2 g	PROT	23 g	BS	4 g

PAULA
PRE-WORKOUT

RAW BITES

Du brauchst unbedingt was Süßes zum Kaffee? Bitte sehr! Mit diesen beiden Bites-Rezepten stillst du den süßen Schmachter mit natürlicher Süße aus den Früchten und puscht dich gleichzeitig mit Energie. Sie sind also auch prima als Pre-Workout-Snacks geeignet. Und auch sonst sind sie nicht zu verachten, denn natürlich stecken sie auch noch voller Vitamine, Mineral- und Ballaststoffe.

BANANA BREAD

ZUTATEN

200 g Haferflocken
1 Banane
1 Prise Salz
1 Msp. Zimt
50 g Mandelbutter (Mandelmus)
30 g Agavendicksaft
50 ml Mandeldrink
50 g Zartbitter-Chocolate-Chunks

FÜR CA. 15 STÜCK

1 Die Haferflocken im Mixer zu einem groben Mehl mixen. Die Banane schälen und zerdrücken. Das Haferflockenmehl mit Banane, Salz und Zimt In einer Schüssel zu einer krümeligen Masse vermengen.

2 Die Mandelbutter mit dem Agavendicksaft in einem Topf auf dem Herd oder in einem Schälchen in der Mikrowelle vorsichtig erhitzen, verrühren und zu der Haferflocken-Bananen-Mischung geben. Zum Schluss den Mandeldrink hinzufügen und alles zu einem Teig verkneten.

3 Den Teig in einer mit Backpapier ausgelegten rechteckigen Form etwa fingerdick auslegen und mindestens 2 Stunden kalt stellen. Dann in Quadrate mit ca. 5 cm Kantenlänge schneiden.

Nährwerte pro Stück

KCAL	101	FETT	3 g	KH	12 g	Z	4 g	PROT	2 g	BS	1 g

APPLE PIE

ZUTATEN

FÜR CA. 15 STÜCK

40 g getrocknete Datteln
160 g getrocknete Apfelringe
60 g Walnüsse
1 Msp. Zimt

1 Die getrockneten Datteln und die Apfelringe im Mixer oder mit dem Pürierstab zerkleinern.

2 Walnüsse und Zimt dazugeben und so lange zerkleinern, bis eine klebrige Masse entsteht. Bei Bedarf einige Tropfen Wasser hinzugeben (sehr sparsam, damit die Masse nicht zu weich wird).

3 Den Teig in einer mit Backpapier ausgelegten rechteckigen Form etwa fingerdick auslegen und mindestens 2 Stunden kalt stellen. Dann in Quadrate mit ca. 5 cm Kantenlänge schneiden.

TIPP

Nicht alles auf einmal wegfuttern, die Bites halten sich nämlich bis zu einem Monat im Kühlschrank.

Nährwerte pro Stück

KCAL	66	FETT	2 g	KH	8 g	Z	1 g	PROT	0 g	BS	0 g

APRIKOSE-CHIA

ZUTATEN

FÜR CA. 12 STÜCK

70 g getrocknete Datteln
150 g getrocknete Aprikosen
20 g Chiasamen
1 Msp. Zimt
60 g Kürbiskerne

1 Datteln, Aprikosen, Chiasamen und Zimt im Mixer oder mit einem Stabmixer zu einer Masse verarbeiten. Die Masse vorsichtig lockern und die Kürbiskerne hinzugeben. Alles weiter zerkleinern, bis die Kürbiskerne zerbröselt sind.

2 Die Masse etwa fingerdick auf einer mit Backpapier ausgelegten rechteckigen Form verteilen und ca. 2 Stunden kalt stellen.

3 Dann in Quadrate mit ca. 5 cm Kantenlänge schneiden.

Nährwerte pro Stück

KCAL	86	FETT	2 g	KH	10 g	Z	3 g	PROT	2 g	BS	2 g

PAULA
SNACK

HONIG-CHILI-MANDELN

Der nächste Filmabend steht an, und du weißt nicht, welche Chips es diesmal sein sollen? Versuch's mal mit diesen Chili-Mandeln, die machen einfach süchtig, es steckt aber im Gegensatz zu gekauften keine zugesetzte Chemie drin. Hier bekommst du gesunde Fette aus Mandeln statt aus der Fritteuse und eine Supersüße aus Honig. Deine Entscheidung.

ZUTATEN

100 g Honig
1 EL Chilipulver
200 g Mandeln
1 TL Meersalz, grob

FÜR 10 PORTIONEN

1. Der Ofen auf 180°C (Umluft 160°C) vorheizen.
2. Honig und Chilipulver in einer Pfanne erhitzen und zum Schmelzen bringen.
3. Mandeln hinzufügen und gut verrühren.
4. Wenn alle Mandeln reichlich mit der Honig-Chili-Mischung überzogen sind, auf ein mit Backpapier ausgelegtes Backblech geben, mit dem Salz bestreuen und für 25 Minuten im Backofen rösten.

Nährwerte pro Portion

KCAL		FETT		KH		Z		PROT		BS	
	156		10 g		8 g		8 g		4 g		2 g

PAULA
ZWISCHENMAHLZEIT

BROKKOLI-CHEDDAR-MUFFINS

Eier, Cheddar und auch der Joghurt sorgen dafür, dass diese Muffins mehr als doppelt soviel Protein wie Kohlenhydrate besitzen. Schon der Cheddar besteht zu einem Viertel aus Eiweiß. Sie sind als ideal für deinen Muskelaufbau. Und dann kommt noch der Brokkoli ins Spiel, das grüne Wunder mit den vielen Mineralstoffen. Einpacken und ins Fitnessstudio mitnehmen!

ZUTATEN

500 g Brokkoli
Salz
2 Eier
1 Scheibe Vollkorntoast
1 Zwiebel
100 g würziger Cheddar
4 EL Naturjoghurt
1 TL Senf
Pfeffer
1 EL Öl für die Förmchen

FÜR 12 MUFFINS

1 Den Backofen auf 180°C Ober-/Unterhitze (Umluft 160°C) vorheizen. Den Brokkoli waschen, in Röschen zerteilen. Den Stiel schälen und kleinschneiden. Brokkoli und in einem Topf in Salzwasser ca. 5 Minuten bissfest garen. Mit kaltem Wasser abschrecken und fein hacken.

2 Die Eier In einer großen Schüssel verquirlen. Das Toastbrot fein zerzupfen und in die Schüssel geben. Solange verrühren, bis sich das Brot vollgesogen hat.

3 Den Käse reiben, die Zwiebel schälen und fein würfeln. Beides mit Joghurt, Senf, Salz und Pfeffer mit in die Schüssel geben und alles gut miteinander verrühren.

4 Zum Schluss den Brokkoli hinzugeben und alles zu einer homogenen Masse verarbeiten.

5 Den Teig in gefettete Muffinförmchen füllen und ca. 25 Minuten backen.

6 Kurz abkühlen lassen und dann vorsichtig aus der Form lösen.

Nährwerte pro Muffin

KCAL	82	FETT	4 g	KH	3 g	Z	2 g	PROT	5 g	BS	1 g

PAULA

ZWISCHENMAHLZEIT

SANDWICH-APFELTASCHE

Dieses Apfeltaschenrezept ist wahrscheinlich das einfachste und gesündeste Apfeltaschenrezept, das du finden kannst. Es ist zwar nicht "Low Carb" oder "Low Fat", aber es bekommt seine Süße hauptsächlich aus dem Apfelmus, das du in 10 Minuten einfach selber machst. Und es kommt aus dem Sandwich-Maker, nach dem Mixer unser liebstes Hausgerät. Was kann da noch schiefgehen? Richtig, gar nichts. Guten Appetit!

ZUTATEN

5 große Äpfel
1 EL Zitronensaft
4 EL Kokosblütenzucker
1 Msp. Zimt
100 g Mandelmehl (oder Weizenvollkornmehl)
1 TL Backpulver
2 Eier
75 g Kokosöl
60 ml Mandelmilch

FÜR 6 APFELTASCHEN

1 Äpfel schälen, vom Kerngehäuse befreien und in Stücke schneiden. Zusammen mit 150 ml Wasser, Zitronensaft, 2 EL vom Kokosblütenzucker und Zimt weich kochen. Falls die Äpfel nicht schon zerfallen sind, alles zerdrücken und in eine Schüssel füllen.

2 Mehl, Backpulver mit dem restlichen Kokosblütenzucker vermischen.

3 Eier, Kokosöl und Mandelmilch aufschlagen, zum Mehl geben und alles zu einem Teig verarbeiten.

4 Einen großen Löffel des Teigs auf den Sandwichtoaster geben. Einen guten Klecks Apfelmus daraufgeben und mit einem weiteren Löffel Teig bedecken.

5 Sandwichtoaster schließen und durchbacken.

Nährwerte pro Portion

KCAL	FETT	KH	Z	PROT	BS
314	16 g	30 g	24 g	11 g	5 g

PAULA
ZWISCHENMAHLZEIT

WEDGES

Du kennst die klassischen Kartoffel-Wedges? Diese Süßkartoffel- und Kürbis-Wedges kommen auch aus dem Ofen und sind mindestens genauso lecker-knusprig. Dafür sind sie kohlenhydratarm (Kürbis), voller wichtiger Ballaststoffe (Süßkartoffel) und haben einen hohen Gehalt an Beta-Carotin (beide). Beta Carotin wirkt antioxidativ, bekämpft also freie Radikale im Körper und beugt Herzerkrankungen vor.

SÜSSKARTOFFEL

ZUTATEN

600g Süßkartoffeln
4 EL Olivenöl
4 EL italienische Kräuter
Salz
Pfeffer

FÜR 2 PORTIONEN

1 Ofen auf 200°C Ober-/Unterhitze (Umluft 180°C) vorheizen.

2 Die Süßkartoffeln waschen und in Spalten schneiden.

3 Die Süßkartoffelspalten in eine große Schüssel geben, mit dem Öl übergießen und die Kräuter darüber streuen. Gut durchmischen, bis alle Spalten mit Öl und Kräutern bedeckt sind.

4 Die Spalten auf ein mit Backpapier ausgelegtes Backblech legen und ca. 30 Minuten goldbraun backen.

Nährwerte pro Portion

KCAL	519	FETT	27 g	KH	60 g	Z	12 g	PROT	5 g	BS	9 g

KÜRBIS

ZUTATEN

600g Hokkaido (ein kleiner Kürbis)
50 g Mandeln, gehackt
1 Scheibe Vollkorntoast
1 TL Orangensaft
1 TL Sonnenblumenöl
Orangenabrieb
Salz
Pfeffer

FÜR 2 PORTIONEN

1 Ofen auf 200°C Ober-/Unterhitze (Umluft 180°C) vorheizen.

2 Den Kürbis halbieren, Kerne und Fasern mit einem Löffel herauslösen. Die Kürbishälften anschließend in Spalten schneiden.

3 Die Kürbisspalten auf ein mit Backpapier ausgelegtes Backblech legen und mit Öl beträufeln und für ca. 10 Minuten backen.

4 Mandeln in einer Pfanne rösten, den Toast in kleine Stücke zupfen und kurz mit in die Pfanne geben.

5 Die Mandel-Toast-Mischung anschließend in eine Küchenmaschine geben, Orangensaft, Orangenabrieb, Salz und Pfeffer hinzugeben und alles miteinander vermengen.

6 Die Kürbisspalten aus dem Backofen nehmen, die Mischung auf die Spalten streichen.

7 Dann weitere 10 Minuten backen bis der Kürbis weich und die Mandelkruste goldbraun ist.

Nährwerte pro Portion

KCAL	397	FETT	18 g	KH	46 g	Z	18 g	PROT	9 g	BS	10 g

PAULA
HAUPTGERICHT

BLUMENKOHL-HOT-WINGS

Chicken-Wings-Fans aufgepasst: Mehr als 5 g Fett bringt eine Portion dieser Veggie-Wings nicht auf die Waage – da haben die Wings aus der Burgerbraterei locker das Dreifache drauf! Hier hast du ein echtes Low-Fat-High-Carb-Gericht, das dir mit satten 57 g Kohlenhydraten schnell Energie zurückbringt.

ZUTATEN

75 g Haferflocken
150 ml Mandeldrink
Paprikapulver
Knoblauchpulver
Salz
Pfeffer
1 Blumenkohl
150 g Barbecuesauce

FÜR 2 PORTIONEN

1 Den Ofen auf 180°C Ober-/Unterhitze (Umluft 160°C) vorheizen. Haferflocken im Mixer fein mahlen und mit Mandeldrink, Paprika- und Knoblauchpulver, Salz, Pfeffer und 50 ml Wasser in einer Schüssel gut vermengen.

2 Blumenkohl waschen, in mundgerechte Röschen zerteilen und in der Mischung wenden, bis die Röschen gut umhüllt sind.

3 Die Röschen auf einem mit Backpapier ausgelegten Backblech verteilen und 25 Minuten backen.

4 Aus dem Ofen nehmen, rundum mit Barbecuesauce bestreichen, das Blech wieder in den Backofen schieben und den Blumenkohl weitere 20 Minuten backen.

VARIATION MUSKELAUFBAU

Man kann dieses Rezept natürlich auch ganz klassisch mit Hähnchenflügeln machen.

Nährwerte pro Portion

KCAL	FETT	KH	Z	PROT	
360	5 g	55 g	23 g	15 g	12 g

PAULA

HAUPTGERICHT

BROKKOLI-BACON-SALAT

Mit diesem Salat lieferst du deinen Muskeln Nachschub, denn er hat satte 21 g Eiweiß pro Portion. Und weil Brokkoli so super gesund ist – er gilt sogar als krebsvorbeugend – verwenden wir ihn immer wieder gerne. In Kombination mit Bacon und Mandeln zeigt das grüne Kohlgemüse, was auch geschmacklich in ihm steckt.

ZUTATEN

FÜR 2 PORTIONEN

- 1 Brokkoli
- 50 g Schinkenwürfel
- 1 rote Zwiebel
- 30 g Mandeln

DRESSING

- 3 EL fettarmer Joghurt
- 1 EL flüssiger Honig
- 1 EL Essig
- Salz
- Pfeffer

1. Den Brokkoli waschen, kleinschneiden und in wenig Wasser 10 Minuten weich dünsten. Die Schinkenwürfel in einer Pfanne ohne Fett kurz anbraten.
2. Beide Zutaten in eine Schüssel geben. Die Zwiebel schälen und fein würfeln. Zusammen mit den Mandeln in die Schüssel geben und unterrühren.
3. Für das Dressing Joghurt, Honig und Essig miteinander verrühren und mit Salz und Pfeffer abschmecken.
4. Über den Salat geben und vermischen.

Nährwerte pro Portion

KCAL	503	FETT	18 g	KH	31 g	Z	30 g	PROT	42 g	BS	20 g

PAULA
HAUPTGERICHT

BUNTE BACKOFENHÄHNCHEN

Müsste sich die Hähnchenbrust entscheiden, in welchem Bett sie es sich gemütlich machen möchte, fiele ihr die Wahl sicherlich nicht leicht. Aber hier entscheidest du, welche Kombi dir am meisten zusagt und mit welchen Zutaten du das Fleisch im Päckchen schmoren lassen möchtest. Die Zubereitung ist so einfach, dass du auch mehrere verschiedene Päckchen packen kannst, zum Beispiel, wenn du mehrere Leute verköstigen willst.

PESTO

ZUTATEN

1 Zucchini
1 Hähnchenbrustfilet
40 g Basilikumpesto
1 Tomate
Salz
Pfeffer
20 g Parmesan
frisches Basilikum

FÜR 1 PORTION

1. Den Backofen auf 200°C Ober-/Unterhitze (Umluft 180°C) vorheizen. Die Zucchini waschen, längs in circa 5 dicke Scheiben schneiden und nebeneinander auf Alufolie oder Backpapier verteilen.
2. Das Hähnchenbrustfilet auf das Zucchinibett legen und das Pesto auftstreichen.
3. Die Tomate waschen, in Scheiben schneiden, die Scheiben auf dem Pesto verteilen und leicht andrücken. Mit Salz und Pfeffer würzen und den Parmesan grob darüberreiben.
4. Die Folie oder das Papier so zusammenfalten, dass das Hähnchenbrustfilet komplett eingepackt ist, und im vorgeheizten Ofen 30 Minuten backen.
5. Zum Servieren auspacken und mit frischen Basilikumblättern garnieren.

Nährwerte pro Portion

KCAL	619	FETT	28 g	KH	10 g	Z	7 g	PROT	72 g	BS	4 g

BARBECUE

ZUTATEN

FÜR 1 PORTION

- 1 rote Paprikaschote
- 1 Hähnchenbrustfilet
- 1 Chilischote
- 30 g Barbecuesauce
- 1 Zwiebel
- Salz
- Pfeffer

1 Den Backofen auf 200°C Ober-/Unterhitze (Umluft 180°C) vorheizen. Die Paprika waschen, von Samen und Scheidewänden befreien und in breite Streifen schneiden. Nebeneinander auf Alufolie oder Backpapier verteilen. Das Hähnchenbrustfilet auf das Paprikabett legen.

2 Die Chilischote waschen, von Samen und Scheidewänden befreien, in kleine Stücke schneiden und unter die Barbecuesauce mischen. Die Barbecuesauce auf das Filet streichen.

3 Die Zwiebel schälen, halbieren und in Ringe schneiden. 10 Ringe auf die Barbecuesauce legen und leicht andrücken. Mit Salz und Pfeffer würzen.

4 Die Folie oder das Papier so zusammenfalten, dass das Hähnchenbrustfilet komplett eingepackt ist.

5 30 Minuten im vorgeheizten Ofen backen. Zum Servieren auspacken.

Nährwerte pro Portion

KCAL	396	FETT	2 g	KH	22 g	Z	20 g	PROT	61 g	BS	6 g

MANGO-CURRY

ZUTATEN

FÜR 1 PORTION

1 Süßkartoffel
1 Hähnchenbrustfilet
1 Zwiebel
100 g TK-Mango
1 TL Kokosöl
1 TL Currypulver
Salz
Pfeffer

1 Den Backofen auf 200°C Ober-/Unterhitze (Umluft 180°C) vorheizen. Die Süßkartoffel schälen, längs in circa 6 Scheiben schneiden (je nach Dicke der Kartoffel) und nebeneinander auf Alufolie oder Backpapier legen.

2 Das Hähnchenbrustfilet auf das Süßkartoffelbett legen.

3 Die Zwiebel schälen, halbieren und in Ringe schneiden. Das Kokosöl in einem kleinen Topf schmelzen.

4 10 Zwiebelringe und die gefrorenen Mangostücke auf dem Filet verteilen, mit Kokosöl bestreichen und mit Curry, Salz und Pfeffer würzen.

5 Die Folie oder das Papier so zusammenfalten, dass das Hähnchenbrustfilet komplett eingepackt ist.

6 30 Minuten im vorgeheizten Ofen backen, zum Servieren auspacken.

Nährwerte pro Portion

KCAL		FETT		KH		Z		PROT		BS	
KCAL	673	FETT	7 g	KH	78 g	Z	26 g	PROT	65 g	BS	12 g

LEMON-GARLIC

ZUTATEN

2 Möhren
1 Hähnchenbrustfilet
1 Knoblauchzehe
1 TL Olivenöl
1 Bio-Zitrone
Petersilienstängel
Salz
Pfeffer

FÜR 1 PORTION

1 Den Backofen auf 200°C Ober-/Unterhitze (Umluft 180°C) vorheizen. Die Möhren schälen oder unter fließendem Wasser gründlich schrubben, längs in Scheiben schneiden und nebeneinander auf Alufolie oder Backpapier legen.

2 Das Hähnchenbrustfilet auf das Möhrenbett legen.

3 Den Knoblauch schälen, sehr fein hacken, mit dem Olivenöl vermischen und über das Fleisch geben.

4 Die Zitrone heiß abwaschen und achteln. Auf dem Hähnchenbrustfilet verteilen. Petersilie hacken und über das Hähnchenbrustfilet streuen. Mit Salz und Pfeffer würzen.

5 Die Folie oder das Papier so zusammenfalten, dass das Hähnchenbrustfilet komplett eingepackt ist.

6 30 Minuten im vorgeheizten Ofen backen. Vor dem Servieren auspacken.

Nährwerte pro Portion

KCAL		FETT		KH		Z		PROT		BS	
KCAL	441	FETT	7 g	KH	18 g	Z	15 g	PROT	61 g	BS	7 g

PAULA
HAUPTGERICHT

AVOCADOSUPPE

Über die gesunden Vorteile der Avocado müssen wir dir nicht mehr viel erzählen, oder? Hier ergänzt du ihre guten Fette noch durch die von Erdnüssen, die als Top-Cholesterinsenker gelten. Mit der entwässernden Gurke bekommst du hier eine leichte Suppe, die dich auch vor dem Training nicht belastet und die du kalt und warm genießen kannst.

ZUTATEN

2 Avocados
1 Bio-Salatgurke
1 Knoblauchzehe
frisch gepresster Saft von 1 Limette
1 TL Erdnussbutter
1 TL Sojasauce
Kräuter und Nüsse nach Belieben zum Garnieren

FÜR 2 PORTIONEN

1 Avocados schälen und Kerne entfernen. Gurke waschen und in grobe Stücke schneiden. Knoblauch schälen.

2 Alle Zutaten, bis auf die Kräuter und die Nüsse zum Garnieren, mit 1 Tasse Wasser in einen Mixer geben und fein pürieren.

3 Falls gewünscht, die Suppe in einem Topf vorsichtig erwärmen. Nüsse und Kräuter hacken und über die Suppe geben.

Nährwerte pro Portion

KCAL	504	FETT	50 g	KH	6 g	Z	4 g	PROT	6 g	BS	10 g

PAULA
SNACK

SMOOTHIE RIEGEL

Den Strohhalm kannst du bei diesem Smoothie zu Hause lassen, denn dieser Smoothie ist zum Knabbern. Und zwar kommt er aus dem Backofen und eignet sich prima zum Mitnehmen. Dank seiner vielseitigen Inhaltsstoffe bringt er vor dem Training einen ordentlichen Energieschub.

ZUTATEN

300 g Süßkartoffel
Salz
50 g Babyspinat
125 g fettarmer Joghurt
2 Eier
75 g Haferflocken
50 g Erdnusskerne
1 EL Agavendicksaft
1 TL Zimt
1/2 TL Backpulver

FÜR 9 RIEGEL

1 Den Backofen auf 180°C Ober-/Unterhitze (Umluft 160°C) vorheizen. Die Süßkartoffel waschen, grob würfeln, etwa 5 Minuten in Salzwasser kochen, etwas abkühlen lassen und anschließend schälen. Den Babyspinat waschen und trocken schütteln.

2 Süßkartoffeln und Spinat mit allen anderen Zutaten in der Küchenmaschine pürieren.

3 Die Masse in eine mit Backpapier ausgelegte Backform geben (ca. 23 x 23cm) und etwa 25 Minuten im Ofen backen, bis sie eine leichte Bräunung aufweisen.

4 Auskühlen lassen und dann in gleich große Stücke schneiden. Nicht gleich verzehrte Riegel im Kühlschrank aufbewahren

Nährwerte pro Riegel

KCAL		FETT		KH		Z		PROT		BS	
	129		4 g		14 g		3 g		5 g		2 g

PAULA
SNACK

ZUCCHINI SCHOKO MUFFINS

Süß muss auch mal sein und einen guten Schuss Kohlenhydrate hast du dir außerdem verdient, wenn du dich beim Sport ausgepowert hast. Dann gönn dir diese Muffins, denn die sorgen nicht nur mit Rohrzucker und Ahornsirup für die Süße, sondern auch mit Apfelmus. Das liefert auch gleichzeitig ein paar Ballaststoffe, die zusammen mit denen aus Vollkornmehl und Zucchini für lange Sättigung sorgen.

ZUTATEN

FÜR 8 MUFFINS

- 120 g Vollkorn-Weizenmehl
- 40 g Kakaopulver
- 1 TL Backpulver
- 2 Eier
- 100 g griechischer Joghurt
- 80 g Apfelmus
- 50 g Rohrzucker
- 50 g Ahornsirup
- 100 g Zucchini
- 1 EL Öl für die Förmchen

1. Den Backofen auf 180°C Ober-/Unterhitze (Umluft 160°C) vorheizen. Mehl, Kakaopulver und Backpulver in einer Schüssel miteinander vermischen.

2. Die Eier in einer anderen Schüssel mit einem Schneebesen leicht schaumig verquirlen. Joghurt, Apfelmus, Zucker und Ahornsirup hinzugeben und verrühren.

3. Zucchini waschen und reiben, unter den Teig rühren, alles zu der Mehl-Kakao-Mischung geben und gut verkneten.

4. Den Teig in gefettete Muffinförmchen geben und 15–20 Minuten backen.

5. Kurz abkühlen lassen und dann vorsichtig aus der Form lösen.

Nährwerte pro Muffin

KCAL	FETT	KH	Z	PROT	BS
160	4 g	22 g	12 g	5 g	3 g

PAULA
SNACK

DUNKLE SCHOKO-BANANEN

Der Lust auf Süßes darfst du natürlich hin und wieder nachgeben, es gibt keinen Grund zur Selbstkasteiung. Das heißt aber nicht, dass du dich am nächsten Kiosk mit Schokoriegeln eindecken sollst. Wenn die Lust auf Süßes zuschlägt, dann bereite dir selbst einen süßen Snack zu, denn so weißt du immer, was drin ist und behältst die Kontrolle über deine Ernährung. Und darauf kommt es an.

ZUTATEN

50 g Zartbitterschokolade
1 Banane
1 EL Kokosraspel

FÜR 2 PORTIONEN

1 Die Schokolade in einem Schälchen im Wasserbad schmelzen. Die Banane schälen, halbieren, auf einen Spieß spießen (eine Gabel geht auch) und jeweils mit den Enden in die flüssige Schokolade tauchen.

2 Die Kokosraspel auf die noch warme Schokolade streuen und alles anschließend im Gefrierschrank fest werden lassen.

Nährwerte pro Portion

KCAL		FETT		KH		Z		PROT		BS	
	255		11 g		32 g		17 g		3 g		5 g

PAULA
SNACK

NUSSMILCHEIS

Eis selber zu machen ist so einfach. Und auch für Eis auf veganer Milch- oder Joghurtbasis braucht man keine Eismaschine. Nur ein paar Formen für Popsicles sollte man dahaben, um ohne Probleme ein perfektes Eis am Stil selber zu machen. Dank Supermarkt-Gefriertruhen, hat man immer gefrorene Früchte parat und kann schnell die tollsten Eiskreationen herstellen.

HIMBEER-TOMATE

ZUTATEN

200 g Himbeeren
5 kleine Cherrytomaten
250 g Sojajoghurt
1 EL Agavendicksaft

FÜR 5 EIS

1 Himbeeren, Tomaten, Sojajoghurt und Agavendicksaft im Mixer zu einer glatten Masse verarbeiten.

2 Die Masse in Die Eisformen füllen. Mindestens 5 Stunden, am besten über Nacht im Tiefkühler gefrieren lassen.

Nährwerte pro Eis

KCAL	64	FETT	1 g	KH	8 g	Z	7 g	PROT	2 g	BS	3 g

BANANE-MANDEL

ZUTATEN

5 reife Bananen
50 g Mandeln
120 ml Mandeldrink
gehackte Mandeln nach Belieben

FÜR 5 EIS

1 Die Bananen schälen und mit den Mandeln und dem Mandeldrink im Mixer schnell auf höchster Stufe zu einer homogenen Masse verarbeiten.

2 Die Masse in die Eisformen füllen und wahlweise mit weiteren Mandelstücken bestreuen.

3 Mindestens 5 Stunden, am besten über Nacht im Tiefkühler gefrieren lassen.

TIPP
Bananen vorher einfrieren, dann lassen sie sich besser mixen.

Nährwerte pro Eis

KCAL	203	FETT	5 g	KH	30 g	Z	25 g	PROT	4 g	BS	4 g

VANILLE-BLAUBEERE

ZUTATEN

220 g Skyr (Vanille-Geschmack)
150 g TK-Heidelbeeren
1 EL Agavendicksaft
60 ml Mandelmilch

FÜR 5 EIS

1 Alle Zutaten in einem Mixer zu einer Masse verarbeiten.

2 Die Masse in die Eisformen füllen, verschließen und den Stiel in die Form stecken.

3 Mindestens 5 Stunden, am besten über Nacht im Tiefkühler gefrieren lassen.

VARIATION MUSKELAUFBAU

Einfach noch Proteinpulver in die Eismischungen mixen, und schon könnt ihr euch nach dem Training im Sommer selbstgemachtes Eiweiß-Eis statt dem obligatorischen Protein-Shake gönnen. Hat doch was!

Nährwerte pro Eis

KCAL	FETT	KH	Z	PROT	BS
59	0 g	8 g	8 g	4 g	1 g

KAFFEE-MANDEL

ZUTATEN

40 g Kokosblütenzucker
40 g Zartbitterschokolade
200 ml Mandelmilch
100 ml starker Kaffee

FÜR 5 EIS

1 Zucker und Schokolade zusammen mit der Mandelmilch und dem Kaffee erwärmen, bis alles flüssig geworden ist. Die Flüssigkeit erkalten lassen und in die Eisformen füllen, verschließen und Stiele in die Formen stecken.

2 Mindestens 5 Stunden, am besten über Nacht im Tiefkühler gefrieren lassen.

Nährwerte pro Eis

KCAL	FETT	KH	Z	PROT	BS
78	3 g	11 g	7 g	0 g	1 g

PAULA
SNACK

VEGANES TOFFIFEE

Es gibt so ein paar süße Schweinereien im Süßigkeitenregal, an denen kommt man nur schwer vorbei. Toll, wenn es dann Rezepte gibt, mit denen man die Süßigkeiten in wesentlich gesünderer Form nachbauen kann. Diese Toffifees kommen geschmacklich ganz nah ans Original ran, haben aber deutlich bessere Zutaten: keinen raffinierten Zucker, keine industriell verarbeiteten Zutaten, keine Zusatzstoffe. Und vegan sind sie auch noch. Frei nach dem Motto: Da weiß man, was man hat.

ZUTATEN

FÜR 8 PRALINEN

- 3 EL Kokosblütenzucker
- 50 ml cremige Kokosmilch
- 2 EL Kokosöl
- 1 Vanilleschote
- 30 ml Cashewbutter
- 8 Haselnüsse
- 30 g vegane Zartbitterschokolade

1. Kokosblütenzucker, Kokosmilch und Kokosöl in einem kleinen Topf bei mittlerer Hitze unter ständigem Rühren zum Köcheln bringen. Vanilleschote aufschlitzen und das Mark auskratzen.
2. Den Topf vom Herd nehmen und das Mark der Vanilleschote sowie die Cashewbutter sofort unter die Kokosmasse rühren, bis sich alles gelöst hat.
3. Die Masse in Cake-Pop- oder Pralinenformen füllen. In jede Form eine Haselnuss geben und mindestens 1 Stunde im Kühlschrank erkalten lassen.
4. In der Zwischenzeit die Schokolade in einem Schälchen im Wasserbad schmelzen.
5. Einen Tropfen auf jeden Toffee geben und weitere 2 Stunden in den Kühlschrank stellen.

Nährwerte pro Praline

KCAL	FETT	KH	Z	PROT	BS
93	6 g	7 g	5 g	1 g	0 g

PAULA
SNACK

GEBACKENE GRANOLA-BIRNE

Draußen die dicke Schneedecke, drinnen das prasselnde Kaminfeuer – da fehlt jetzt nur noch ein Bratapfel. Warum nicht auch mal eine Bratbirne versuchen? Mit Knuspermüsli gefüllt, ist sie zu jeder Jahreszeit ein leckerer Nachtisch oder ein besonderes Sonntagsfrühstück für sportliche Süßmäuler.

ZUTATEN

FÜR 2 PORTIONEN

- 1 Birne
- 1 TL Ahornsirup
- 1 TL Zimt
- 2 EL Granola

1. Den Backofen auf 180°C Ober-/Unterhitze (Umluft 160°C) vorheizen.
   Birne waschen, halbieren und das Kerngehäuse herausschneiden.
2. Ahornsirup und Zimt über die Birnenhälften geben. Ca. 20 Minuten auf einem Backblech im vorgeheizten Ofen backen.
3. Nach dem Backen kurz auskühlen lassen und das Granola in die Aushöhlung der Birnenhälften geben.

VARIATION MUSKELAUFBAU

Wer möchte, kann auch noch Skyr für die Extraportion Protein in die Birne zum Granola geben. Und wer es ganz genau nimmt, macht aus einer Handvoll Lieblingsnüssen, zwei Handvoll groben Haferflocken und ein wenig Kokosöl ganz schnell sein eigenes Granola in einer kleinen Pfanne. Dann spart ihr euch den raffinierten Zucker.

Nährwerte pro Portion

KCAL	FETT	KH	Z	PROT	BS
135	3 g	22 g	12 g	2 g	3 g

PAULA
ZWISCHENMAHLZEIT

AUBERGINEN-PIZZA-BITES

Echt molto belissimo, diese kleinen Happen für Zwischendurch! Weil die Auberginen im Ofen und nicht in der Pfanne zubereitet werden, ertränkst du sie nicht in Öl und profitierst voll und ganz davon, dass sie kaum Kalorien mitbringen. Dafür aber haben Auberginen viele gute Nährstoffe wie Kalium, das gut für dein Herz und deine Muskeln ist.

ZUTATEN

FÜR CA. 8 STÜCK

- 1 große Aubergine
- 1 EL Salz
- 1 Knoblauchzehe
- 1 EL Olivenöl
- 1 TL italienische Kräuter
- 100 g Parmesan
- 200 g passierte Tomaten

1. Die Aubergine waschen, in fingerdicke Scheiben schneiden, mit Salz bestreuen und auf einem Teller beiseite stellen. Nach ca. 15 Minuten mit Küchenpapier oder einem sauberen Geschirrtuch trocken tupfen.
2. In der Zwischenzeit den Ofen auf 200°C Ober-/Unterhitze (Umluft 180°C) vorheizen. Den Knoblauch schälen und fein hacken. Mit dem Olivenöl und den italienischen Kräutern in einer kleinen Schüssel vermischen.
3. Die Auberginenscheiben beidseitig mit dem Öl bestreichen, auf einem Backblech verteilen und ca. 10 Minuten backen. Den Parmesan reiben.
4. Auberginenscheiben aus dem Ofen nehmen. Die passierten Tomaten darauf verteilen, mit dem Parmesan bestreuen und anschließend weitere 10 Minuten backen.

Nährwerte pro Stück

KCAL	FETT	KH	Z	PROT	BS
83	5 g	3 g	2 g	5 g	1 g

PAULA
HAUPTGERICHT

QUICHE

So ein Quicheteig ist wirklich einfach und schnell zubereitet. Auch der Belag ist leicht gemacht: Nur Eier mit Parmesan und Gewürzen verquirlen, dazu gedünstetes Gemüse, Schinken oder andere leckere Zutaten. Drei Vorschläge findest du hier, aber du kannst dir natürlich auch selbst was einfallen lassen. Auf jeden Fall füllst du mit einer Quiche garantiert deine Kohlenhydratspeicher auf und versetzt dir einen ordentlichen Proteinschub.

ZUTATEN

TEIG

250 g Mehl
1 EL Olivenöl
1/2 TL Salz

FÜR 4 PORTIONEN

1 Den Ofen auf 180°C Ober-/Unterhitze (Umluft 160°C) vorheizen. Mehl, Olivenöl und Salz mit 125 ml Wasser zu einem glatten Teig verkneten. Teig dünn ausrollen und in die Quicheform drücken, dabei einen Rand nach oben formen.

2 Die Füllung zubereiten und auf dem Quicheteig verteilen. Ca. 25 Minuten backen. Mindestens 10 Minuten nach dem Backen auskühlen lassen.

TIPP

Wer keine Quicheform hat, kann die Quiche auch als Quiche-Cups in Muffinformen zubereiten. Dafür den Teig einfach in ausgerollter Form zuschneiden und die Füllung aufteilen. Die Miniquiches brauchen auch kürzer im Ofen. Probier es mit 15 bis 20 Minuten.

FITNESS-LORRAINE

ZUTATEN

FÜLLUNG

6 Eier
150 g Parmesan
Salz
Pfeffer
3 Zwiebeln
1 EL Olivenöl
rohe Schinkenwürfel

FÜR 4 PORTIONEN

1 Die Eier in einer Schüssel verquirlen. Den Parmesan reiben, mit Salz und Pfeffer hinzufügen und alles miteinander verrühren.

2 Zwiebeln schälen, fein hacken und in einer Pfanne in etwas Öl kurz glasig dünsten, aber nicht braun werden lassen. Schinken 1 Minuten mitbraten. Beides unter die Eiermischung heben.

Nährwerte pro Portion

KCAL	559	FETT	22 g	KH	50 g	Z	5 g	PROT	38 g	BS	3 g

LACHS-LAUCH

ZUTATEN

FÜLLUNG

6 Eier
150 g Parmesan
Salz
Pfeffer
100 g Räucherlachs
120 g Lauch

FÜR 4 PORTIONEN

1 Die Eier in einer Schüssel verquirlen. Den Parmesan reiben, mit Salz und Pfeffer hinzufügen und alles miteinander verrühren.

2 Den Räucherlachs in kleine Stücke schneiden. Lauch gründlich waschen und in Ringe schneiden.

3 Lachs und Lauch unter die Eimischung heben.

Nährwerte pro Portion

KCAL	FETT	KH	Z	PROT	BS
421	23 g	21 g	2 g	31 g	1 g

WIRSING-TOMATE

ZUTATEN

FÜLLUNG

6 Eier
150 g Parmesan
Salz
Pfeffer
220 g Wirsing
6 Cherrytomaten
20 g Pinienkerne

FÜR 4 PORTIONEN

1 Die Eier in einer Schüssel verquirlen. Den Parmesan reiben, mit Salz und Pfeffer hinzufügen und alles miteinander verrühren.

2 Wirsing waschen, Strunk entfernen und den Wirsing in feine Streifen schneiden. In köchelndem Salzwasser ca. 7 Minuten garen und anschließend mit kaltem Wasser abschrecken.

3 Tomaten waschen und in kleine Stücke schneiden. Wirsing, Tomaten und Pinienkerne unter die Eimischung heben und mit Salz und Pfeffer würzen.

Nährwerte pro Portion

KCAL	FETT	KH	Z	PROT	BS
554	24 g	50 g	3 g	31 g	4 g

PAULA
ZWISCHENMAHLZEIT

BLUMENKOHL BAGEL

Diese Blumenkohl-Bagels sind einfacher gebacken als gedacht und schmecken mit herzhaftem Belag ebenso gut wie mit Marmelade oder Honig. Im Vergleich zu normalen Bagels fehlen hier aber fast komplett die Kohlenhydrate – sie sind also Low Carb. Stattdessen gibt es Eiweiß satt! 14 g pro Bagel. Also haut rein und packt euch einen Blumenkohl-Bagel für nach dem Training ein.

ZUTATEN

1 kleiner Blumenkohl
1 Knoblauchzehe
2 Eier
60 g Mandelmehl
1 Msp. Backpulver
10 g Parmesan
Salz
Pfeffer

FÜR 4 STÜCK

1. Der Ofen auf 200°C (Umluft 180°C) vorheizen.
2. Den Blumenkohl in Röschen zerteilen und anschließend in einer Küchenmaschine zerkleinern (gleichmäßig fein gehackt, aber nicht vollständig zermahlen).
3. Knoblauch pressen und in eine große Schüssel geben. Blumenkohl, Eier, Mandelmehl, Backpulver, Parmesan, Salz und Pfeffer mit in die Schüssel geben und alles gut miteinander vermengen.
4. Für 5-10 Minuten im Kühlschrank kühlen, bis das Mehl die Feuchtigkeit des Teiges aufgesogen hat. Alles noch einmal kneten.
5. Mit den Händen aus dem Teig vier Kugeln formen, etwas flachdrücken. Mit dem Stielende eines Löffels ein großzügiges Loch in die Mitte stechen und auf ein mit Backpapier ausgelegtes Backblech legen.
6. Im vorgeheizten Backofen bei ca. 18-20 Minuten backen und vor dem Aufschneiden gut auskühlen lassen.

Nährwerte pro Stück

KCAL	FETT	KH	Z	PROT	BS
125	5 g	3 g	0 g	13 g	7 g

PAULA

HAUPTGERICHT

PILZ-WALNUSS BOLOGNESE

Bolognese geht auch vegetarisch und geschmacklich steht sie der klassischen Variante in nichts nach. Hier bringen Pilze und Walnüsse statt Hackfleisch das deftige Aroma mit! Champignons besitzen einen blutdrucksenkenden Wirkstoff und auch die gefäßschützenden Omega-3-Fettsäuren aus den Nüssen sind gut fürs Herz. Die Sauce ist so lecker, da kannst du auch mal eine kleinere Portion Nudeln dazu kochen und hast eine Low-Carb-Variante, die aus mehr Sauce als Nudeln besteht.

ZUTATEN

FÜR 6 PORTIONEN

- 2 EL Olivenöl
- 1 Zwiebel
- 2 Knoblauchzehen
- 450 g Champignons
- 1 EL Tomatenmark
- 2 EL Apfelessig
- 1 EL Oregano
- 1 EL Basilikum
- 1 TL Paprikapulver
- 5 Cherrytomaten
- 800 g passierte Tomaten
- 100 g Walnusskerne
- Salz
- Pfeffer
- 750 g Vollkornspaghetti

1. Das Olivenöl in einer tiefen Pfanne erhitzen. Zwiebeln und Knoblauch schälen, fein würfeln und im heißen Öl 2–3 Minuten dünsten.
2. Pilze putzen, halbieren, in schmale Streifen schneiden und mit in die Pfanne geben. Wenn das von den Pilzen abgegebene Wasser komplett verdunstet ist, Tomatenmark, Apfelessig und Gewürze hinzufügen und gut miteinander vermengen.
3. Die Cherrytomaten waschen, klein schneiden und mit den passierten Tomaten in die Pfanne geben. Bei mittlerer Hitze für 20 Minuten köcheln lassen.
4. Währenddessen die Vollkornspaghetti kochen.
5. Die Walnüsse hacken, in die Pfanne geben und weitere 5 Minuten mitgaren lassen.
6. Mit Salz und Pfeffer abschmecken.

VARIANTE

Low-Carb-Nudeln gibt's heute in vielen Varianten – meistens sind sie aus Hülsenfruchtproteinen hergestellt. Probier die Alternativnudeln ruhig mal aus.

Nährwerte pro Portion

KCAL	FETT	KH	Z	PROT	BS
669	19 g	93 g	12 g	22 g	15 g

PAULA
ZWISCHENMAHLZEIT

HASSELBACK-ZUCCHINI

Eigentlich wurde diese Zubereitungsform für Kartoffeln erfunden, und zwar im schwedischen Hotel Hasselbacken, so erklärt sich auch der seltsame Name. Aber Zucchini eignen sich mindestens so gut dafür, fächerförmig aufgeschnitten und zwischen den entstandenen Scheiben mit Leckereien gefüllt zu werden. Wir tun das hier mit proteinreichem Schinken und Parmesan.

ZUTATEN

1 Knoblauchzehe
2 Rosmarinzweige
2 TL Olivenöl
2 Zucchini
70 g Parmaschinken
20 g Parmesan

FÜR 2 PORTIONEN

1. Den Backofen auf 200°C Ober-/Unterhitze (Umluft 180°C) vorheizen. Knoblauch schälen und in eine kleine Schüssel pressen. Rosmarinnadeln abzupfen, zugeben und mit Olivenöl und ein wenig Salz in der Schüssel verrühren.

2. Die Zucchini waschen und quer dünne Scheiben ein- aber nicht durchschneiden, sodass die einzelnen Scheiben noch zusammenhalten. In eine Auflaufform legen.

3. Parmaschinken und Parmesan in feine Scheiben schneiden und zwischen die einzelnen Zucchinischeiben stecken.

4. Zucchini mit der Rosmarin-Knoblauch-Marinade bestreichen und 30–40 Minuten im Backofen kross backen.

TIPP

Füchse legen zwei Holzspieße oder Stifte neben die Zucchini und benutzen diese als Meserstopper beim Einschneiden der Streifen.

Nährwerte pro Portion

KCAL		FETT		KH		Z		PROT		BS	
KCAL	233	FETT	14 g	KH	7 g	Z	5 g	PROT	17 g	BS	3 g

PAULA
ZWISCHENMAHLZEIT

GEFÜLLTE TEIGTASCHEN

Man kann nie genug Rezepte für Snacks zum Mitnehmen haben, oder? Das haben wir uns auch gedacht und uns deshalb für die Teigtaschen gleich fünf verschiedene Füllungen überlegt. Sie sind alle ganz einfach zuzubereiten, deshalb kannst du auch gleich mehrere auf einmal ausprobieren. Die Mengen sind immer für sechs Teigtaschen vorgesehen, passe sie dann also gegebenenfalls an.

ZUTATEN

TEIG

100 g Weizenmehl
50 g Vollkorn-Weizenmehl
2 TL Backpulver
1/2 TL Salz
2–3 EL Olivenöl
1 Eigelb zum Bestreichen

FÜR 6 TASCHEN

1. Mehl, Backpulver, Salz und Öl mit 2–3 EL lauwarmem Wasser zu einem glatten Teig verkneten. Den Teig in Frischhaltefolie wickeln und 30 Minuten bei Zimmertemperatur ruhen lassen.
2. Dann den Teig ausrollen und mit einem runden Ausstecher oder einem Glas 6 Kreise mit einem Durchmesser von ca. 15 cm ausstechen.
3. Den Ofen auf 200°C Ober-/Unterhitze (Umluft 180°C) vorheizen. In der Zwischenzeit die Füllung(en) zubereiten.
4. Die Füllung in der Mitte der Kreise platzieren, den Teig an den Rändern nach oben falten und leicht andrücken.
5. Die Teigtaschen in einer ofenfesten Form mit der Naht nach unten platzieren und mit dem verquirlten Eigelb bestreichen. Im Ofen 20–25 Minuten goldbraun backen.

BBQ-CHICKEN-FÜLLUNG

ZUTATEN

100 g Hähnchenfleisch
Salz
2 Frühlingszwiebeln
50 g Emmentaler
2 EL Barbecuesauce
Pfeffer

FÜR 6 TASCHEN

1. Hähnchenfleisch 10 Minuten in Salzwasser kochen und in kleine Stücke zupfen. Frühlingszwiebel waschen und in feine Ringe schneiden. Den Käse reiben.
2. Alle Zutaten in einer Schüssel mit der Sauce vermengen. Mit Salz und Pfeffer würzen.

Nährwerte pro Tasche

KCAL	FETT	KH	Z	PROT	BS
209	9 g	19 g	1 g	9 g	1 g

TOFU-SPINAT-FÜLLUNG

ZUTATEN

100 g Babyspinat
1 Knoblauchzehe
2 EL Senf
Salz
Pfeffer
100 g Räuchertofu
30 g Mandelsplitter

FÜR 6 TASCHEN

1 Spinat waschen und abtropfen lassen. Knoblauch schälen. Beides mit Senf, Salz und Pfeffer zu einer Masse pürieren.

2 Tofu klein schneiden und zusammen mit den Mandelsplittern unterrühren.

Nährwerte pro Tasche

KCAL	206	FETT	10 g	KH	18 g	Z	0 g	PROT	7 g	BS	2 g

THUNFISCHFÜLLUNG

ZUTATEN

2 Frühlingszwiebeln
30 g Feta
1 Dose Thunfisch im eigenen Saft
Salz
Pfeffer

FÜR 6 TASCHEN

1 Die Frühlingszwiebeln waschen und in feine Ringe schneiden. Den Feta in kleine Stücke bröseln. Thunfisch abtropfen lassen.

2 Alles mit Salz und Pfeffer in einer Schüssel vermischen.

Nährwerte pro Tasche

KCAL	187	FETT	7 g	KH	18 g	Z	0 g	PROT	10 g	BS	1 g

BEEF-FÜLLUNG

ZUTATEN

1 Frühlingszwiebel
100 g Rinderhackfleisch
30 g Parmesan
50 ml passierte Tomaten
Salz
Pfeffer
Kräuter der Provence

FÜR 6 TASCHEN

1 Die Frühlingszwiebel waschen und in feine Ringe schneiden. Das Hackfleisch in einer Pfanne ohne Fettzugabe scharf anbraten und anschließend in eine Schüssel geben. Den Parmesan hobeln.

2 Frühlingszwiebeln, Hackfleisch und Parmesan mit allen anderen Zutaten gut vermengen.

Nährwerte pro Tasche

KCAL	191	FETT	8 g	KH	18 g	Z	0 g	PROT	8 g	BS	1 g

PILZFÜLLUNG

ZUTATEN

100 g Champignons
1 kleine Zwiebel
30 g Emmentaler
1 EL Creme Fraiche
Salz
Pfeffer

FÜR 6 TASCHEN

1 Die Champignons vorsichtig waschen und in kleine Würfel schneiden. Die Zwiebel schälen und fein hacken. Den Käse reiben.

2 Alles mit der Creme Fraiche vermengen und mit Salz und Pfeffer würzen.

Nährwerte pro Tasche

KCAL	172	FETT	8 g	KH	18 g	Z	0 g	PROT	5 g	BS	1 g

PAULA
HAUPTGERICHT

SPINAT BURGER

Popeye der Seemann würde vor Freude Luftsprünge machen, denn diese Patties bestehen tatsächlich zum größten Teil aus Spinat. Damit sind sie mal eine Alternative zu anderen Veggie-Burgern auf Sojabasis und zu solchen aus Fleisch sowieso. Sie schmecken pur, mit oder ohne Dipp, mit einer Kohlenhydratbeilage oder aber zu einem Burger, ganz nach deinem Geschmack zusammengebaut.

ZUTATEN

300 g TK-Spinat
45 g Parmesan
1 Knoblauchzehe
1/2 Zwiebel
2 Eiweiß
1 Ei
40 g Haferflocken
1 EL Salz
1 EL Öl zum Braten

FÜR 5 PATTIES

1. Den Spinat ganz auftauen lassen und das Wasser abgießen. Übriges Wasser gut aus dem Spinat ausdrücken. Den Parmesan reiben. Knoblauch und Zwiebel schälen und fein hacken.

2. Alle Zutaten in einer großen Schüssel gründlich miteinander vermengen. Mit den Händen 5 Patties aus der Masse formen.

3. Öl in einer beschichteten Pfanne erhitzen und die Patties bei mittlerer Hitze beidseitig braten, bis sie fest und goldbraun geworden sind.

TIPP

Der Spinat muss gründlich abtropfen und dann ordentlich ausgewrungen werden, sonst werden die Patties zu weich. Dafür den Spinat entweder einfach mit den Händen ausdrücken, in ein Sieb geben und mit einem Löffel das Wasser herausdrücken oder in einem sauberen Geschirrtuch auswringen.

Nährwerte pro Patty

KCAL	FETT	KH	Z	PROT	BS
125	6 g	6 g	0 g	8 g	2 g

PAULA
SNACK

ERDNUSSBUTTER-MOUSSE

Auch ein Nachtisch kann Low-Carb sein. Dieser hier ist sogar Low-Carb-High-Fat und hat dazu noch einen guten Proteingehalt. Also die ideale Ergänzung bei einer Low-Carb-Ernährung und auch noch ganz einfach zubereitet. Lass es dir schmecken.

ZUTATEN

- 150 g Natur-Tofu
- 1 Vanilleschote
- 100 g geröstete, ungesalzene Erdnüsse
- 150 ml Mandeldrink
- 1 Prise Salz
- Früchte nach Wahl zum Servieren

FÜR 6 PORTIONEN

1. Tofu in kleine Stücke schneiden und möglichst viel Flüssigkeit herauspressen.

2. Die Vanilleschote längs aufschlitzen und mit einem Messer das Mark herauskratzen. Mit dem Tofu und allen anderen Zutaten (bis auf die Früchte) im Mixer pürieren. Je länger die Mousse gemixt wird, umso sämiger wird sie.

3. Mousse abkühlen lassen und mit Früchten servieren.

TIPP

Für mehr Süße kann ein wenig Agavendicksaft zu der Mousse gegeben werden.

Nährwerte pro Portion

KCAL	FETT	KH	Z	PROT	BS
128	9 g	2 g	1 g	6 g	1 g

PAULA
SNACK

CRACKER

Für den kleinen Hunger zwischendurch sind Cracker der Kracher. Wenn du sie selber machst, dann kannst du auch selbst bestimmen, welche Zutaten du drin halben willst. Alle vier Rezepte sind dank der Samen und Kerne stark in Ballaststoffen, sodass du auch beim Crackernaschen deinen Blutzucker stabil hältst und deine Verdauung unterstützt. Wenn du dich für das Rezept mit Hefe entscheidest, dann denk daran, genug Zeit für das Gehen des Teigs einzuplanen. Und wenn du eine bestimmte Form für die Cracker bevorzugst, dann schneide den Teig schon vor dem Backen.

LEINSAMEN

ZUTATEN

80 g Leinsamen
40 g Mandelmehl
2 EL gehackter Rosmarin
1/2 TL Salz
1 EL Rapsöl
1 TL Salz

FÜR 1 BLECH

1 50 g Leinsamen grob mahlen (geht auch im Mixer), in ein hitzebeständiges Gefäß geben, mit 100 ml kochendem Wasser übergießen und quellen lassen.

2 In der Zwischenzeit den Ofen auf 190°C Ober-/Unterhitze (Umluft 170°C) vorheizen. Die restlichen Leinsamen fein mahlen und mit Mandelmehl, Rosmarin und Salz vermischen.

3 Nach 10 Minuten den geschroteten Leinsamen dazugeben und alles zu einem krümeligen Teig verkneten.

4 Teig auf einem mit Backpapier ausgelegten Backblech sehr dünn ausrollen, mit dem Öl bestreichen und mit dem Salz bestreuen. Ca. 20 Minuten backen.

5 Anschließend auskühlen lassen und in Stücke brechen. Luftdicht aufbewahren.

Nährwerte pro Blech

KCAL	717	FETT	56 g	KH	2 g	Z	2 g	PROT	32 g	BS	31 g

CRACKER

SESAM

ZUTATEN

1 TL Agavendicksaft
2 g Trockenhefe
5 g Salz
1 TL Sesamöl
170 g Vollkorn-Weizenmehl
60 g schwarzer und weißer Sesam

FÜR 1 BLECH

1 Agavendicksaft und Hefe in einer Schüssel mit 100 ml warmem Wasser übergießen, abdecken und 10–15 Minuten ruhen lassen, bis die Hefe Schaum bildet.

2 Salz, Sesamöl und Mehl dazugeben und in der Küchenmaschine mit dem Knethaken vermengen oder mit der Hand so lang kneten, bis ein elastischer Teig entsteht. Wenn der Teig zu feucht ist, weiteres Mehl zugeben.

3 Den Sesam unterkneten und den Teig 1 Stunde ruhen lassen. Dann den Teig auf einem mit Backpapier ausgelegten Backblech ausrollen.

4 Teig bei 190°C Ober-/Unterhitze (Umluft 170°C) 15–20 Minuten backen, bis er dunkelgoldbraun geworden ist.

5 Anschließend auskühlen lassen und in Stücke brechen. Luftdicht aufbewahren.

Nährwerte pro Blech

KCAL	FETT	KH	Z	PROT	BS
967	38 g	113 g	6 g	32 g	27 g

WÜRZIGE SAMEN

ZUTATEN

160 g Leinsamen
30 g Sesam
30 g Kürbiskerne
20 g Sonnenblumenkerne
1 TL Thymian
1 TL Salz

FÜR 1 BLECH

1. Alle Samen in einer Schüssel mit Wasser bedecken und mindestens 1, höchstens 12 Stunden abgedeckt einweichen. Anschließend den Ofen auf 190°C Ober-Unterhitze vorheizen.
2. Restliches Wasser von den eingeweichten Samen abgießen. Samen mit Salz und Thymian im Mixer zerkleinern.
3. Teig auf einem mit Backpapier ausgelegten Backblech sehr dünn ausrollen. Ca. 40 Minuten backen.
4. Anschließend auskühlen lassen und in Stücke brechen. Luftdicht aufbewahren.

Nährwerte pro Blech

KCAL		FETT		KH		Z		PROT		BS	
KCAL	1231	FETT	84 g	KH	14 g	Z	1 g	PROT	68 g	BS	69 g

CHIA-SAMEN

ZUTATEN

200 g Sonnenblumenkerne
75 g Chia-Samen
70 g Parmesan
15 g gehackter Rosmarin
1/2 TL Backpulver
1/2 TL Knoblauchpulver
2 EL Kokosfett
1 Ei
1 TL Salz

FÜR 1 BLECH

1. Backofen auf 150°C Ober-/Unterhitze (Umluft 130°C) vorheizen. Sonnenblumenkerne und Chia-Samen im Mixer fein mahlen.
2. Parmesan fein reiben und zusammen mit Rosmarin, Backpulver und Knoblauchpulver unterrühren.
3. Kokosfett in einem kleinen Topf schmelzen, etwas abkühlen lassen, zusammen mit dem Ei hinzugeben und alles zu einem Teig verkneten.
4. So dünn wie möglich auf einem mit Backpapier ausgelegten Backblech ausrollen und mit Salz bestreuen. Ca. 40 Minuten backen.
5. Anschließend auskühlen lassen und in Stücke brechen. Luftdicht aufbewahren.

Nährwerte pro Blech

KCAL	2181	FETT	130 g	KH	82 g	Z	2 g	PROT	97 g	BS	37 g

PAULA
PRE-WORKOUT

GRÜNER PRE-WORKOUT-SMOOTHIE

Dass diese Smoothies so grün werden, hätten wir nicht erwartet. Aber umso besser, grüne Smoothies sind nämlich dank ihrer vielen Vitamine und Antioxidantien gut für dich. Und all die Nährstoffe sind darüber hinaus einfach zu absorbieren. Der Mixvorgang öffnet die Zellen der Blätter und macht ihre Inhaltsstoffe für deinen Körper zugänglich.

ZUTATEN

1 Apfel (ca. 130 g)
1 Handvoll Spinat (ca. 70 g)
1 Tasse Mandelmilch
Crushed Ice

FÜR 1 GLAS

1. Apfel schälen und entkernen, Spinat waschen. Mit Mandelmilch in einen Mixer geben und pürieren.
2. Das Crushed Ice unterrühren.

Nährwerte pro Glas

KCAL		FETT		KH		Z		PROT		BS	
KCAL	118	FETT	3 g	KH	19 g	Z	13 g	PROT	3 g	BS	5 g

PAULA
POST-WORKOUT

GRÜNER POST-WORKOUT-SMOOTHIE

ZUTATEN

1 Tasse TK-Mango
1 Banane
1 Tasse TK-Grünkohl
1 Tasse Mandelmilch
2 Scoops Whey Proteinpulver
Crushed Ice

FÜR 1 GLAS

1. Mango und Banane küchenfertig vorbereiten. Mit den anderen Zutaten außer dem Eis in einen Mixer geben und pürieren.
2. Das Crushed Ice unterrühren.

TIPP

Wer ein bisschen experimentieren will, braucht bei grünen Smoothies eigentlich nur eine Regel zu beachten, und die heißt 60:40. Einfach 60 % natürliche Früchte mit 40 % Grünzeug mischen, und dann kann nichts mehr schiefgehen – geschmacklich und von den Nährstoffen her.

Nährwerte pro Glas

KCAL		FETT		KH		Z		PROT		BS	
KCAL	536	FETT	8 g	KH	60 g	Z	45 g	PROT	49 g	BS	7 g

3 FLYING UWE PRÄSENTIERT NEUE BURGER-WRAP-REZEPTE

Moin meine lieben Butzer, was geht, ich bin's wieder, euer Flying Uwe!

Schön, dass ihr euch das Buch bis hier hinten hin angeschaut habt. Damit ihr auch noch einen kleinen Einblick in die Rezepte aus dem ersten Body Kitchen Kochbuch bekommt, habe ich euch hier drei Variationen des beliebten Burger Wraps mitgebracht. Das Original-Rezept gibt es natürlich im ersten Buch!

Der Burger Wrap ist mein absolutes Lieblingsrezept, meiner Meinung nach schmeckt er nicht nur sehr gut, er symbolisiert wie kaum ein anderes Rezept die Quintessenz der Body Kitchen Philosophie: Jeder kann lecker und gesund kochen. Schaut euch einfach mal die Nährwerte und das Bild der Wraps an. Dann wisst ihr, was ich meine.

Auf bald, ihr findet mich in der Fitnessküche von Body Kitchen auf **www.facebook.com/ bodykitchenkochbuch**

BURGER-WRAPS

Wer unser erstes Buch kennt, wird sich freuen, denn der Burger-Wrap ist das meist gekochte und -geliebte Rezept daraus. Was so erfolgreich ist, kann auch eine oder gleich mehrere Neuauflagen vertragen. Hier also gleich drei neue Varianten für das Rezept-Highlight. Der Teig für die Wraps ist immer derselbe, nur die Füllungen sind völlig verschieden. Was ist dein Favorit?

ZUTATEN

FÜR 2 PORTIONEN

TEIG

125 g Light-Käse
3 Eier
250 g Magerquark
1 TL Pizzagewürz
1 TL Pfeffer

1 Den Backofen auf 180°C Ober-/Unterhitze (Umluft 160°C) vorheizen. Den Käse reiben.

2 Käse, Eier und Quark in einer Schüssel gründlich vermischen. Pizzagewürz und Pfeffer zugeben und noch einmal gut mischen.

3 Ein Backblech mit Backpapier belegen und den Teig gleichmäßig darauf verteilen.

4 Im Ofen 20 Minuten backen, anschließend auskühlen lassen.

GUACAMOLE-FETA

ZUTATEN

2 Avocados
6 Cherrytomaten
2 EL Zitronensaft
Salz
Pfeffer
1 rote Chilischote
Knoblauchpulver
125 g Feta
4 Blätter Eisbergsalat

1 Für die Guacamole 1 Avocado schälen, vom Kern befreien und das Fruchtfleisch mit einer Gabel zerdrücken. Die Cherrytomaten waschen und kleinschneiden. Die Avocado und 2 der Cherrytomaten mit 1 EL Zitronensaft, Salz und Pfeffer mischen.

2 Für die Füllung die Chilischote waschen und in kleine Stücke schneiden. Die zweite Avocado halbieren, den Kern entfernen und das Fruchtfleisch in eine Schüssel geben. Mit restlichem Zitronensaft, Chili, restlichen Tomatenstücken, Salz, Pfeffer und Knoblauchpulver vermengen. Dann den Feta in kleine Stücke schneiden und unter die Mischung heben.

3 Guacamole auf den Teig streichen, Salatblätter darauf verteilen, dann die Avocado-Feta-Füllung auf den Salat geben und den Burger-Wrap einrollen.

Nährwerte pro Portion

KCAL	686	FETT	43 g	KH	16 g	Z	10 g	PROT	52 g	BS	5 g

BBQ PULLED CHICKEN

ZUTATEN

FÜR 2 PORTIONEN

BELAG

250 g Hähnchenfleisch
1 Zwiebel
1 rote Paprikaschote
4 Blätter Eisbergsalat

SAUCE

1 EL Tomatenmark
1 EL Tomatenketchup
2 TL Balsamico-Essig
1 EL Rohrzucker
Pfeffer, Salz
1 Schuss Zitronensaft nach Geschmack

1 Hähnchenfleisch 15 Minuten in etwas Wasser kochen.

2 Zwiebel schälen und in feine Ringe schneiden. Paprika waschen, von Samen und Scheidewänden befreien und in feine Ringe schneiden.

3 Für die Sauce Tomatenmark, Ketchup, Balsamico, Zucker, Pfeffer und Salz in einer Schüssel verrühren. Eventuell einen kleinen Schuss Zitronensaft hinzufügen.

4 Das gekochte Hähnchenfleisch auseinanderzupfen und mit der Sauce vermengen.

5 Salatblätter auf dem Teig verteilen, dann das Fleisch mit der Sauce, Paprikastreifen und Zwiebelringen darauf verteilen und alles einrollen.

Nährwerte pro Portion

KCAL		FETT		KH		Z		PROT		BS	
KCAL	594	FETT	20 g	KH	27 g	Z	23 g	PROT	72 g	BS	3 g

TOFU-PILZ

ZUTATEN

1 Frühlingszwiebel
100 g Champignons
100 g Tofu
1 TL Öl zum Braten
Salz
Pfeffer
50 g Sojajoghurt
frisches Basilikum

1 Frühlingszwiebel und Pilze waschen und klein schneiden. Tofu ebenfalls kleinschneiden.

2 Das Öl in einer Pfanne erhitzen und den Tofu goldbraun braten, erst zum Schluss die Pilze und die Frühlingszwiebel mit in die heiße Pfanne geben und einige Minuten mitbraten.

3 Mit Salz und Pfeffer würzen.

4 Die Tofu-Zwiebel-Pilz-Mischung auf dem Teig verteilen. Sojajoghurt daraufgeben, salzen und pfeffern, mit Basilikumblättern belegen und einrollen.

Nährwerte pro Portion

KCAL	495	FETT	26 g	KH	11 g	Z	7 g	PROT	52 g	BS	2 g

Body Kitchen Fitnessköche in der Schlussszene des McFIT-Videoclips

WAS BISHER GESCHAH...

Die Body Kitchen Studioküche in Hambur

Flying Uwe auf dem World Fitness Day 2017

Der Startschuss für alles, war die Publikation des ersten Body Kitchen Kochbuchs im Dezember 2016. Mit der Vision, jedem eine einfache und gesunde Ernährung für einen aktiven Alltag zu ermöglichen, publizierten wir das erste Fitness-Kochbuch Deutschlands.

Durch das Body Kitchen Kochbuch haben inzwischen Zehntausende Menschen Zugang zu einer Ernährung gefunden, die Spaß macht, anstatt zu frustrieren.

Neben dem Body Kitchen Kochbuch publizieren wir neue Inhalte auf unseren Online Kanälen wie Facebook, Instagram und YouTube und treten so in den Austausch mit den Menschen, die einfach und lecker kochen wollen. Die Inhalte entstehen seit Spätsommer 2017 in der Body Kitchen Studioküche und inspirieren Hunderttausende Menschen.

Der direkte Kontakt zu unserer Community aus Fitnessköchen ist uns in jeder Hinsicht wichtig. Die Einladung, auf der weltweit ersten und größten Veranstaltung für Live-Fitness in Frankfurt im Juli 2017 einen Body Kitchen Stand zu präsentieren, nahmen wir direkt an.

Gemeinsam mit erfolgreichen Social-Media-Persönlichkeiten veranstalteten wir Kochduelle. Eine unglaubliche Erfahrung und ein Ausblick auf zukünftige Formate.

Body Kitchen ist eine Lifestyle-Marke mit einer mitreißenden Vision. Das Kochbuch, das du jetzt in den Händen hältst, ist unser nächster Schritt auf dem Weg, um noch mehr Menschen eine gesunde Ernährung zu ermöglichen. Schön, dass du dabei bist!

Was du jetzt machen kannst? Alles was du brauchst, um dich entspannt und gesund zu ernähren, hältst du bereits in deinen Händen. Und falls Du Fragen oder Anregungen hast, zögere nicht, mit uns in Kontakt zu treten: **WWW.BODY.KITCHEN/CHAT**

Also leg' los und hab Spaß!

BODY KITCHEN

GRUNDLAGEN FÜR DIE FITNESSKÜCHE

- **Über 100 zeitlose Power-Rezepte** mit vielen notwendigen Informationen für eine einfache und bewusste Ernährung.
- **Motivation und Inspiration** zur Umstellung deiner Ernährungsgewohnheiten.
- **Die wichtigsten Informationen** zum Thema Nährstoffe und das Handwerkszeug für die Fitnessküche.

Die drei Autoren des ersten Body Kitchen Kochbuchs: Rafael, Uwe und Flavio

SCHÜRZEN UND MEHR

Checkt unseren Shop
und holt euch die Essentials
für die Fitnessküche!

MEHR BODY KITCHEN PRODUKTE AUF WWW.BODY.KITCHEN/SHOP

REZEPTINDEX

HAUPTGERICHTE

ZWISCHENMAHLZEITEN

ZWISCHENMAHLZEITEN

SNACKS

SNACKS

PRE-WORKOUT

POST-WORKOUT

IMPRESSUM

Für Fragen und Anregungen: info@body-kitchen.de

Originalausgabe
1. Auflage Dezember 2017

Rambachstraße 13
D-20459 Hamburg
info@eep.media
www.eep.media

Autorinnen: Regina Hickst, Yvonne Pferrer, Paula Krämer
Rezepte und Porträt-Texte: Bettina Snowdon, Stefanie Ann Will, Body Kitchen
Rezeptentwicklung: Body Kitchen
Lektorat: Bettina Snowdon
Portrait- und Food-Fotografie: Viet Phuong Dao
Cover-Illustration: Anna Hönig
Design: Dubravko Dulan
Mitwirkende: Laura Kuntschke, Hanna Löhr, Svenja Zierold
Verleger: Simon Berg, Joris Zierold
Inhaltliche Leitung: Simon Berg

Druck: Firmengruppe APPL, aprinta Druck, Wemding
Printed in Germany

Vertrieb durch: riva Verlag, ein Imprint der Münchner Verlagsgruppe GmbH
ISBN Hardcover: 978-3-7423-0539-8

ELECTRIC ELEPHANT
PUBLISHING
www.eep.media

BODY KITCHEN

DAS FITNESS-KOCHBUCH

WWW.BODY.KITCHEN

Wir wollen, dass Body Kitchen für viele Menschen der Auftakt, Inspiration und die Unterstützung auf ihrem Weg zu einem bewussteren Umgang mit ihrer Ernährung und ihrem Körper ist. Wenn du auch daran glaubst, dass eine bewusste Ernährung der Schlüssel für ein gesundes Leben sein kann, dann schließ dich uns an!

Benutze in Social Media den Hashtag

#bodykitchen